Jean Weselbach

Euphorismen

Eine Reflexionszonenmassage

Bildgestaltung:
Christian Dadlhuber, Passau

Jean Weselbach

EUPHORISMEN

Eine Reflexionszonenmassage

Edition Noëma

Die Deutsche Bibliothek - CIP-Einheitsaufnahme:

Ein Titeldatensatz für diese Publikation ist bei
Der Deutschen Bibliothek erhältlich

∞

Gedruckt auf alterungsbeständigem, säurefreien Papier
Printed on acid-free paper

ISBN: 3-89821-023-5

Printed in Germany

Vorwort

Zunächst und zuvörderst: Lesen Sie dieses Vorwort nicht, wenn Sie keine Lust dazu haben. Sie müssen es nicht lesen, um die Euphorismen zu verstehen und sich gegebenenfalls an ihnen zu erfreuen oder zu ergötzen. Wenn Sie es aber lesen, dann entscheiden Sie über die Freistelle des folgenden Wortes und dessen Stellenwert: LE RE.

Die Idee zu dieser »Reflexionszonenmassage« (fortan RZM) - natürlich nicht zu verwechseln mit einer Reflexzonenmassage - wurde in einem Relax-Urlaub an der Côte d'Azur geboren. Es ging dabei auf, daß viele Zeitgenossen heute sehr viel für ihren Körper und auch für ihre Seele tun, vergleichsweise wenig aber für ihren Geist. Hat sich regelrecht eine Industrie um erstere beiden Bereiche gebildet - man denke an den Fitness-, Wellness- sowie den Psychoboom, so sind die Angebote für den dritten Bereich doch deutlich rarer. Wenn im folgenden versucht wird, das Anliegen dieses Buches näher zu bestimmen, ist damit der Wunsch an

den Leser verbunden zu sondieren, ob hier nicht eine reale Marktlücke entdeckt wurde. In der Reizüberflutung und dem oberflächlichen Konsumismus unserer Tage scheint ein wacher, kritischer Geist ebenso unausgeprägt wie angesagt zu sein.
Diesem Desiderat will das vorliegende Buch dienen. Es versteht sich nicht ganz unbescheiden als eine Art »Denkschulung« und versucht den Strukturgedanken bzw. ein strukturales Denken zu vermitteln, welches die engen Grenzen des Systemdenkens sprengen soll. Dies findet u.a. seinen Ausdruck in der Verknüpfung verschiedener Lebensbereiche, die sonst eher nicht oder - falls doch, dann im Sinne einer Vernetzung miteinander in Verbindung gebracht werden. Doch der Begriff »Vernetzung« würde die Sache nicht treffen, da er bereits ein Systembegriff ist und Assoziationen zu sehr in vorprogrammierte Bahnen lenken würde. Stattdessen soll sich die freie Assoziation Bahn brechen im Sinne eines »flow and floating«. Im Gegensatz zur Reflexzonenmassage setzt die RZM also »oben« an - denn es ist evi-

dent: »oben ohne« kann man sich in unserer manipulativen Zeit keinesfalls mehr leisten! Die RZM bedient sich dabei der Methode der Massage, einer sanften Massage wohlgemerkt, die neuralgische Punkte und Situationen der Spannung und Verspannung in unserem heutigen Dasein und Sosein aufspürt und angeht. Dabei ist durchaus an einen Übungseffekt solcher Art gedacht, daß der Leser selbst pathologische Momente oder Strukturen detektivisch aufdecken mag und er - darüber hinaus - vielleicht sogar dazu angeregt wird, selbst denkerisch-dichterisch tätig zu werden. Das wäre natürlich der größte Erfolg, den sich dieses Buch vorstellen könnte. Zu diesem Zweck werden unter der Rubrik »Portmanteaus« am Ende des Buches auch Beispiele bzw. Stichwörter geliefert, die zum Selberanalysieren und -denken anregen sollen. Die RZM selbst versteht sich also praktisch als Vademecum oder Baukasten»system« zum Gedanken-selber-basteln. Es muß natürlich keinesfalls bei Portmanteaus bleiben! Es gilt also: »the massage is the message!« Dies natürlich nicht im Sinne eines

Hand-anlegen-Wollens an die Subjektivität des einzelnen, sondern gewissermaßen als Handreichung zum Selberhandeln und -behandeln. Näherhin handelt es sich bei der RZM um eine Sammlung von Aphorismen, Apophthegmata, Axiomen, Sentenzen, Epigrammen, wobei jedes einzelne Element gewissermaßen einen Mosaikstein im Strukturganzen, d.h. einer dahinterstehenden oder besser: einer darinnenliegenden Philosophie darstellt. Ungereimtheiten oder gar Widersprüche - wie bei Aphorismen-Sammlungen nicht selten anzutreffen - sind also bewußt vermieden; vielmehr sind Stimmigkeit und Konsistenz angestrebt, was gleichwohl nicht bedeuten soll, daß der Leser von der Entdeckung sozusagen des »missing link« zwischen den Einzelmomenten gänzlich dispensiert wäre. Dieser Form des Philosophierens eignet wohl gerade ob ihres pointierten und prägnanten Charakters auch eine hohe pädagogisch-didaktische Qualität.

Die RZM versteht sich als eine christlich inspirierte Lebensphilosophie, die eine menschlichere Gesellschaft und einen menschlicheren

Menschen zugleich anzielt. Die Reflexionszonen sind praktisch alle Bereiche des Lebens (angefangen bei den Niederungen des Alltags, über diejenigen von Gesellschaft und Politik, bis hin zu den Erhebungen von Glaube und Liebe). Hebung und Erhebung ist das Ziel, nicht Abgehobenheit, auch wenn manche Formulierungen diesen Eindruck erwecken mögen. Die Mühe des Begriffs soll aber dem Leser bewußt nicht erspart werden. Teilweise wird zur größeren Transparenz – neben klassischen rhetorischen Figuren wie der Synekdoche oder der Synästhesie - auch die Methode der linguistischen Dekonstruktion angewandt, die freilich - evident genug – keine Destruktion meint. Auch die Methode der Bionik findet ab und an Verwendung - als Variante der Analogiebildung, um Denkanstöße und Lösungsansätze aus der Natur zu vermitteln. Das »erkenntnisleitende Interesse« dabei ist, einen literarischen Ansatz zur Interdisziplinarität, besser: zur Holonomie ins Spiel zu bringen. Abgehobenheit soll auch dadurch vermieden werden, daß hier keine gewissermaßen überzeitliche

Philosophie oder gar Metaphysik vorgelegt wird, sondern vielfach ein ganz aktueller und konkreter Bezug zu den gesellschaftlichen Gegebenheiten und Trends hergestellt wird. Denn »Ernstfall« jeglicher Philosophie ist immer die aktuelle Wirklichkeit. Erhebung ist speziell angezielt durch einen humorvoll-euphorischen Ton und die poetische Diktion der Sprüche. Es werden nicht Sprachspiele um der Sprachspiele willen gespielt, nicht einfach bloß Nonsens-Sprüche gemacht, wie dies im Kabarett bisweilen vorkommt, sondern es soll gegen den »Geist der Schwere« (F. Nietzsche) in unserer Zeit ein markantes Zeichen gesetzt werden. Damit ist sozusagen ein Stück irdischer Schwerelosigkeit anvisiert, einer Schwerelosigkeit freilich, die Tiefgang nicht aus- sondern gerade einschließt. Denn seit den Tagen der 68er-Bewegung lahmt unsere Gesellschaft und dümpelt weitgehend vor sich hin, praktisch von einer Reform zur anderen. Heute stellt sich aber heraus, daß - abgesehen von mancherlei Übertreibung - diese 68er-Bewegung die praktische Seite der Aufklärung des 20. Jahrhunderts war, fundiert und begleitet durch die Kritische Theorie. Ein Mehr an evokanter Apo-Diktik, die die Dinge auf den Punkt bringt und beim Namen nennt, insbesondere hinsichtlich der strukturellen Verkrustungen im Bereich von Macht, Herrschaft und Hierarchie, könnte unserer Zeit nicht schaden, sondern nur guttun.

In der RZM sollen ferner die Freunde des »Beaumot« auf ihre Kosten kommen. Das »Beaumot« begibt sich nicht in Konkurrenz zum Bonmot, sondern nimmt dieses vielmehr als Fundament und setzt darauf eine ästhetische Schicht. Es wird so zu einem Explikat oder Exponat der »Beaux-Arts«. Die Aphorismen können sicherlich zurecht auch Euphorismen genannt werden. Bei diesem Begriff handelt es sich um einen Neologismus, ein sogenanntes Portmanteau-Wort aus den Wörtern »euphorisch« und »Aphorismus«, wobei freilich die klangliche Nähe zu dem Begriff »Euphemismus« eher intendiert als in Kauf genommen ist. Viele Sprüche sind freilich ernst – wohlwissend, daß Humor den Ernst als Abhebungshorizont notwendig braucht wie der Berg das Tal. Der Ernst bleibt aber natürlich der »mainstream«, die Hauptstraße des Lebens – denn könnte sie ohne Verkehrsinseln, Ausbuchtungen und Parkplätze, also den Orten des Humors auskommen? Natürlich nicht. Auch soll aus methodischen Gründen gewissermaßen ein Überraschungsmoment oder ein Moment der Derhythmisierung eingebaut bleiben, das sozusagen von Aphorismus zu Aphorismus wandert, um bei der Lektüre kein Leierkastensyndrom zu erzeugen. Es dürfte sich also mehr um einen Wechsel- denn einen Gleichstromrhythmus handeln, der zu einem kritisch-differenzierenden Blick auf jeden einzelnen Mosaikstein verhelfen soll. Man täusche sich auch nicht: Wer den Realitäten nicht ins Auge sehen und sich nicht mit ihnen auseinandersetzen will, erlebt vielleicht die Oberflächlichkeit des modischen »fun«, nicht aber echte Euphorie, jene heiter-gelöste, zuversichtliche Grundstimmung des Gemüts, die aus der Tiefe kommt und aus ihr schöpft. Die RZM setzt, zumal es sich ja um eine Massage handelt, also nicht auf einen vordergründigen Soforteffekt. Die Euphorismen sehen die Dinge gewissermaßen aus dem »spitzen Winkel der asymptotischen Aussage«. Die Formulierung »asymptotische Aussage« ist kein bloßes Konstrukt, sondern will die Einsicht zum Ausdruck bringen, daß es in dieser Welt nichts absolut Wahres, Vollkommenes etc. gibt und auch nicht geben kann. Es kann also vielmehr immer nur um eine Annäherung an diese Werte gehen, wobei der kleine verbleibende Rest nicht negativ gesehen wird, sondern gerade der Ort ist, an dem sich produktive Spannung entzündet. Anders gesagt, gerade aus dieser Differenz oder Inkongruenz gewinnen die Euphorismen ihren Esprit. Gewisse Sentenzen können darüber hinaus als Eulogismen (ebenfalls ein Neologismus) apostrophiert werden. Zum einen, weil sie eine innovative Logik an den Tag legen, die sich teils supplementär, teils konträr zur bisherigen Logik verhält, zum anderen, weil sich diese Begriffsgebung aus der vom Autor begründeten und entwickelten Logosophie ableitet. Die Logosophie begreift sich nicht als mo-

derner Mysterienkult oder dergleichen, sondern als ein neues, ebenso kognitiv wie sensitiv operierendes »Gesprächsformat« in helfender und – gesteigert – in heilender Absicht. Sie geht letztlich auf Jesus von Nazareth zurück, den ersten Logotherapeuten. In diesem Kontext soll der Begriff Therapie freilich vermieden werden, um dem logosophischen Prinzip der Subsidiarität entsprechend Geltung zu verschaffen. Die Kurzformel dieses Prinzips lautet: Hilfe zur Selbsthilfe.
Mit den Euphorismen und Eulogismen – so Hoffnung und Anliegen der RZM – kann sich vielleicht mit der Zeit neben heute bestimmenden sozio-kulturellen Phänomenen und Kräften, die sich in dem weiten »range« vom Laptop über das Biotop bis zur »topless«-Mode bewegen, sozusagen ein Logotop bilden, eine neue kulturelle Nische oder eine Sinnoase, wenn Sie so wollen, die dem sich als Desiderat artikulierenden Defizit Abhilfe angedeihen lassen will und soll. Das onomatopoetische »Eu« könnte so zum Toplogo einer kommenden neuen Zeit werden.

Ferner gehen in der RZM das Noetische und Poetische eine Synthese ein, und zwar dergestalt, daß nicht mehr gesagt werden kann, ob es sich eher um eine poetische Philosophie oder eine philosophische Poetik handelt. Dabei besteht teilweise eine solch ausgeprägte Affinität zur Theologie – unter der Rubrik Glaube wird diese sogar explizit, so daß gegen eine Qualifizierung dieser Elemente als einer in Mosaikform gekleideten Theologie durchaus nichts einzuwenden wäre. Unter Hinzunahme der Bilder könnte sogar von einer Bildtheologie oder – wiederum auf das Gesamt bezogen, von einer Bildphilosophie gesprochen werden. Der Autor verhehlt also seinen weltanschaulichen Standort nicht, wenngleich betont werden soll, daß sich die RZM gleichermaßen an Gläubige wie an Atheisten und Agnostiker wendet. Kritische Impulse mögen und sollen durchaus zu einer Modernisierung, nicht etwa bloß einer Erneuerung des Glaubensverständnisses beitragen, doch das Primäranliegen der RZM ist und bleibt der intermundane Dialog, der Dialog nämlich zwischen zunehmend auseinanderdriftenden Welten, mikro- und makrokosmisch. Brücken sollen geschlagen werden, nein, sollen gebaut werden, und das heißt, von zwei Seiten her, sollen sie nicht einstürzen.

So ist auch die politische Dimension bereits angeklungen, von der sich die RZM keineswegs dispensieren will. Im Gegenteil, die strukturellen Schwachstellen unserer Gesellschaft werden hier identifiziert, mit dem Ziel, sie auch und gerade in massierter Form wegzumassieren. Unter dieser Rücksicht mag die RZM sogar als Versuch einer politischen Lyrik gewertet werden. Darin ist natürlich – da sie christlich inspiriert ist – eine politische Theologie inkludiert, freilich nur in Form einer »summa brevis«.

Wenn die RZM einen menschlicheren Menschen anzielt, dann ist damit gemeint, daß der Mensch in seinen Stimmungen ernster genommen werden soll als bisher. Die Psychologen sprechen vom thymopathischen Menschen und meinen damit eher den an Verstimmungen als den an oder unter seinen Stimmungen leidenden Menschen. Hier wäre ein Ansatzpunkt für eine Neubesinnung und -bestimmung des Humanum. Denn Pathos meint ja grundsätzlich etwas Positives, und so sollte der Mensch seine Stimmungen und seine daraus fließenden Aktionen und Reaktionen – in ihrer dichotomen Ausrichtung – kritisch wahrnehmen und aufmerksam begleiten, um so das Potential der eigenen Stimmungskräfte für sich selbst und im Umgang mit anderen zu optimieren. Dies gilt insbesondere für die negativen Stimmungen, die man natürlich zulassen sollte, was freilich nicht heißt, daß man sie alle subito bzw. alle total ausleben müßte. Vielmehr sollten sie mit dem geistigen Auge begleitet und – je nach Erfordernis der Situation – eingebunden oder transformiert werden.

Worauf es dabei ankommt – und das ist in höchster Form das Anliegen der RZM – die Thymopsyche mit der Noopsyche in Einklang zu bringen, wenn man so will: diese beiden zu versöhnen. Da aber Versöhnung eigentlich ein dialektischer Vorgang ist, soll am Ende – im Sinne der Hegelschen Aufhebung – die Tatpsyche stehen. So stößt die RZM eine Praxeologie unter ganzheitlichem Aspekt an, die allerdings nicht auf die »Tathandlung« J. G. Fichtes rekurriert, sondern auf eine nicht von ihrer Pflichtethik bestimmten »Handlungstat« setzt. Bisher ist in der christlichen Ethik Nächstenliebe meist nur als Gebot, als Forderung vorgekommen, die Thymo-Struktur des Menschen wurde dabei viel zu wenig berücksichtigt. Diese Einsicht der RZM verdankt sich letztlich Heideggers Gedanken der Grundgestimmtheit des Daseins. Das Dasein – auch noch die vermeintlich wertfreien Zonen – ist immer schon in dieser oder jener Weise gestimmt. Diese Gestimmtheit ist der Boden, auf den alle Lebensvollzüge gestellt sind. Dies ernst zu nehmen und für das tägliche Leben fruchtbar zu machen, ist hier angezielt. So gesehen, geht die RZM über das traditionelle christliche Menschenbild hinaus, insofern sie dieses auf ihrer Intentionsrichtung vom Ursprung her einholt und sozusagen an der markanten Schlüsselstelle zwischen Stimmung und Ethos Einkehr hält, um der Liebesfähigkeit des Menschen sozusagen ein Relais vorzuschalten. Das Bündel der Stimmungen führt – über längere Zeit und gut sortiert – zu einer Gestimmtheit, die eine Prädisposition, eine Neigung und Handlungsbereitschaft zur Positivität schafft und zugleich gegen dysthyme oder dysphorische Schwankungen vorbeugt und immunisiert. So gesehen, ist das Temperament des Menschen nicht mehr etwas vom Himmel Gefallenes, sondern ist ein Gebilde oder besser: wird ein Gemälde, an dem jeder mit Hilfe seiner eigenen Temperafarben mitmalen kann, es wird – pointiert gesagt – zur ›Formsache‹. Der Mensch wird so zur euthymen Persönlichkeit. Diese Andeutungen sollen zugleich eine skizzenhafte Antizipation einer kommenden neuen Ethik und Theologie sein. Die Grundlegung erfolgt hier mit der RZM, insofern sie den Versuch darstellt, einen neuen Lebensstil und eine neue Lebensqualität – individual wie sozial – anzustoßen, eine neue Moral, wenn Sie so wollen, ohne jedoch zu moralisieren. Diesem schwierigen hermeneutischen Unterfangen stellt sich die RZM. Auch wenn es ihr nicht immer und nicht immer ganz gelingen sollte, so ist doch eines unhintergehbar klar: ein bestimmter Stil ethischer Normativität ist heute »out« und vorbei: der moralisierende. Die Ethik sperrt sich mit Recht gegen einen Dogmatiktransfer.

Die RZM ist keine Monographie, sondern – um den medizinisch-heilenden Jargon nochmals aufzugreifen, eine Polygraphie, die eine Vielzahl von Themen röntgenologisch belichtet, wie oben bereits dargestellt. Die Sonographie ist dann freilich dem Leser selbst überlassen.

Die RZM wendet sich insbesondere auch an Lehrer. Zum einen sind pädagogische Axiome enthalten, welche die gegenwärtige bildungspolitische Diskussion bereichern sollen und – hoffentlich – auch können. Zum anderen dürften sich einzelne Sentenzen als Ausgangspunkte für Reflexion und Diskussion in verschiedenen Fächern (Religion, Ethik, Deutsch) eignen.

Last not least, wenn – wie oben skiziert – sich die Euphorismen als politische Lyrik verstehen, dann natürlich im Sinne einer Hommage an ein kommendes neues Europa, welches nur ein wirklich vereintes und nicht bloß vereinig-

tes Europa sein kann; darum erscheinen sie auch rechtzeitig vor dem Start des Euro.
Noch einige Anmerkungen zu den Formalia: Zur leichteren Referenz wurden die Euphorismen durchnumeriert. Damit befindet sich die RZM im Einklang und in guter Gesellschaft mit B. Pascal, F. Nietzsche und anderen. Da manches an Aussage und Anspruch elitär erscheinen könnte, wird prophylaktisch ein Glossar beigegeben. Damit ist klar: Ein möglichst breites Publikum soll angesprochen werden. Es wird freilich kein populistisches Buch vorgelegt, sondern ein »liber pro populo«, in der Hoffnung, daß dies seiner Popularität zuträglich sein wird.
Besonderer Dank gebührt Frau Ursula Batliner aus Augsburg sowie Herrn Christian Dadlhuber aus Passau. Frau Batliner hat durch akkurate, ja minutiös-unprätentiöse Bearbeitung des Manuskripts und umsichtige Begleitung der Formalseite des Projekts einen wertvollen Beitrag zum Gelingen des Ganzen geleistet. Herr Dadlhuber zeichnet im wahrsten Sinne des Wortes für die Beigabe der Bil-

der verantwortlich. Die in den literarischen Kontext gestellten optischen Pretiosen stellen, wie schon erwähnt, den Versuch eines bildphilosophischen Ansatzes dar. Natürlich kann jedes Bild auch für sich genommen werden – zu Meditation und Reflexion. Es geht hier in der RZM allerdings nicht um ein katathymes, sondern um – Sie ahnen es schon – ein euthymes Bilderleben, wobei das Bilderleben das RZM-Grundprinzip des »Sowohl als auch« auch an dieser Stelle durchträgt, insofern es – konstituentenanalytisch gesprochen – über das Bilder-leben hinaus zum Bild-Erleben vorstößt. Die RZM erlaubt sich dabei, einen Schritt weiterzugehen und die Konstituentenanalyse auf die lexikalische Einheit des Wortes auszudehnen.

Da eine Massage allein natürlich keinen Dauereffekt erzielen kann, ist die »Reflexionszonenmassage II« bereits in Vorbereitung. Sie wird voraussichtlich in der zweiten Jahreshälfte 2001 erscheinen.

Sie haben es gemerkt: Die RZM bedient sich der guten alten Rechtschreibung. Denn die Reform ist ein Torso. Die RZM stellt sich damit in die Nachfolge der FAZ, für deren mutigen Schritt – der Rückkehr zur alten Rechtschreibung – sie an dieser Stelle ausdrücklich dankt. In der Hoffnung, daß die RZM etwas bei Tag ins Rollen bringt, wie es das REM bei Nacht tut, wünscht Ihnen einen schönen guten Tag

Ihr

Jean Weselbach

Würzburg, Frühjahr 2001

Liebe

Breakout

1
Das schönste Vorurteil: Verliebtsein!

2
Verliebtsein: eine Verblendung, die aus der Überblendung des Ganzen über das Einzelne kommt.

3
Die Mentalität des Machens hat auch vor der Liebe nicht Halt gemacht: Früher wurde die Auserkorene angebetet, heute wird sie angemacht.

4
Spaghetti-Spagat: Spaghetti-Träger oder die Tatsache, daß Liebe nicht nur durch den Magen, sondern auch ins Auge geht.

5
Eine Frau ehren: sie begehren und verehren.

6
Sex ist nicht Mitte, sondern Mittel der Liebe.

7
Um sich zu entkleiden, müssen Mann und Frau voneinander angezogen sein.

8
Wir trachten immer danach, den anderen zu übertreffen, warum nicht in der Liebe?

9
Der Kuß ist die einzig schöne Form der Bevormundung.

10
Wenn der Glaube schon Berge versetzt, was bleibt dann noch der Liebe?

11
Sex macht Spaß, Liebe Freude.

12
Wenn eine Frau einen Herrn im Sinn hat, ist das herrlich sinnlich.

13
Das Verzaubern kennt kein Zaudern.

14
Eine neue Kultur der Sinnlichkeit bedarf mehr der Ästhetisierung als der Ethisierung.

15
Auch in der Liebe gilt das Reißverschlußsystem. Aufreißer haben keine Chance.

16
Wieweit die Säkularisierung vorangeschritten ist, zeigt sich daran, daß die Missionarsstellung nicht mehr in der Ferne, sondern in der Heimat, in der Liebe nämlich, eingenommen wird.

17
Ohne Liebe geht jede Chose, zumal die grandiose, leicht in die Hose.

18
Am weitesten liegen Sinn und Zweck auseinander in der Liebe.

19
Wenn es nach dem Tod Sex gibt, muß er himmlisch sein.
Denn Gott schuf nur Himmel und Erde.

20
Was der pH-Wert für die Säure in der Chemie, ist der BH-Wert für die Süße der Erotik.

21
Rhetorik stimuliert Erotik.

22
Sex und Erotik lassen sich durch eine ganz einfache Formel voneinander unterscheiden. Um Erotik handelt es sich, wenn mann/frau errötet.

23
Liebe ist nicht beliebig. Sie muß belieben.

24
Liebe ist paradox.
Gerade, indem man sich in die Augen schaut, schaut man in dieselbe Richtung.

25
Die Beschneidung ist eine sexuelle Penibilität. Und umgekehrt: die sexuelle Penibilität eine Beschneidung.

26
Liebe und laß alles geschehen!

27
Wahre Beziehung: Die Freude über den andern sucht die Freude mit dem andern.

28
Geben reimt sich auf Leben, Nehmen nicht.

Broken heart

29
Eine Partnerschaft muß mehr Probleme lösen, als sie schafft.

30
Kommt Zeit, kommt Rat, kommt Hoch-Zeit, kommt Heirat.

31
Mit der Ehe verhält es sich ähnlich wie mit der göttlichen Dreifaltigkeit: Das Problem liegt hier »nur« darin, wie zwei eins werden.

32
Ist nicht die Ehe der wahre Seitensprung, indem der Partner einspringt und zur Seite steht?

33
Dem Präfix »Be-« entspricht nicht immer ein »Ent-« (z. B. Be- und Entladen). Bei der Entkleidung ist alles ganz anders!

Sinn

34
Zufall ist ein (Zu-)Spiel der Freiheit.

35
Wenn die Lust Gas gibt, macht dies nur Sinn, wenn die Vernunft eines der übrigen Pedale betätigt: die Kupplung oder die Bremse.

36
Die Lust ist nicht Nebenprodukt des Glücks, sondern dessen *Vor*teil.

37
Die wesentlichen Dinge des Lebens werden nicht mit dem Lineal oder Zirkel entschieden.

38
Der Mensch ist ein Buch.
Das Wesentliche steht zwischen den Zeilen.

39

Kleinigkeiten sind keine Kleinigkeiten, sondern die Mosaiksteine des Ganzen des Persönlichkeitsgebäudes.

40

Der Mensch kann groß sein, wenn er nicht kleingemacht wird.

41

Das Leben gleicht einer Wanderbaustelle. Sie hat nur den Nachteil, daß man sie nicht umfahren kann.

42

Das Leben ist eine Reise.
Es kommt darauf an, was man an Gepäck hat.

43

Sinn ist nicht nur Implikat, sondern auch Korrektiv der Sinnlichkeit.

44
Das Maß darf nicht über das Ziel hinausschießen.
Alles mit Maß und mit Ziel.

The way

45
Es sind insbesondere seine Fähigkeit zu Kritik und Negation sowie sein Selbstverhältnis, was den Menschen vom Tier abhebt.

46
Der Weg ist nicht das Ziel.
Der Weg kann das Ziel desavouieren.

47
Nicht jeder denkt, aber jeder fühlt.
Darum gilt: Sentio ergo sum.

48
Das Leben ist bedingungslos positiv.
Ich kann an allem zweifeln, nur nicht am Zweifel.
Aber ich kann mich an allem freuen, sogar an der Freude.

49
Erfüllung bzw. Identität heißt, aus der Entfremdung zu sich selber zu kommen.

50
Was Wirklichkeit ist, wird am Unwirklichen erkennbar.

51
Der Wert des Humankapitals steigt. So sollte sich der Mensch selber als Aktie verstehen, in die er investieren kann.

52
Das Problem der Askese ist, daß Verzicht Lust- und Triebsteigerung zur Folge haben kann.

53
Man kann nur spontan wirklich leben, denn nur im Hier und Jetzt entscheidet sich, was das jeweils Wichtigste für mich ist.

54
Der Mensch plant und versucht, seine Vorhaben durchzusetzen, um auf der Waage von Erfolg und Mißerfolg das Pendel nicht zu sehr zu seinen Ungunsten ausschlagen zu lassen.

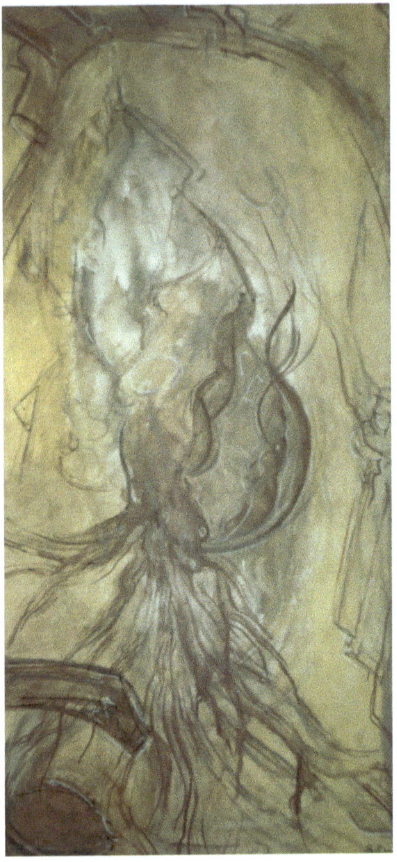

Wurzeln des Ego

55
Bevor man über sich hinauswächst, muß man in sich hineinwachsen.

56
Wenn der Nebel sich lichtet, berührt dich das Leben.

57
Die Innerlichkeit ist die Präsenz der Erinnerung.

58
Das Mitleid fragt nicht, ob es berechtigt ist.

59
Wer warten kann, sieht die Dinge von einer höheren Warte.

60
Die Verletzung von Regeln und Konventionen ist der Humus für Humor. Das macht ihn so menschlich.

61
Die ständige Vervollkommnung des Lebens kann dazu führen, daß man nicht mehr zum Leben kommt.

62
Freude kommt aus der Tiefe des durchkomponierten Daseins.

63
Freude ist ein transzendentaler Begriff: Sie will über sich hinaus. Sie – nicht bloß die Lust – sucht ihre Ausdrucksmöglichkeit und findet sie im Körperlichen.

64
Wer in sich geht, kann außer sich sein - vor Freude.

65
Grenzerfahrungen erfordern Mut zu Demut.

No limit

66
Freiheit ist niemals Besitz, sondern immer Geschehen.

67
Vergangenes mag für den weiteren Gang nicht unerheblich sein, doch Augen-Höhe haben wir nur mit der jeweiligen Gegenwart.

68
Nicht Selbstverwirklichung, sondern Sinnfindung ist existenztragend.

69
Wenn Unterschiede nicht mehr Urteile produzieren, sondern Fragen provozieren, sind wir auf dem Weg zu mehr Menschlichkeit ein gutes Stück vorangekommen.

70
Wer wirklich warten kann, erhöht die Vorfreude.

71
Humor - eine Aufhebung der Erfahrung von Relativität und Widersprüchlichkeit in Freiheit und Geborgenheit.

72
Glück ist eine Entzugserscheinung.
Wer dem Glück nachjagt, dem entzieht es sich.
Wem das Unglück entzogen wurde, ist das Glück offen.

73
Glücklich sein heißt vor allem, ohne Zwänge und Abhängigkeiten zu leben.

74
Es ist besser, den anderen zum Glück zu zwingen, als ihn ins Verderben rennen zu lassen.

75
Die Mitte des Lebens ist das Ende des Todes.

Die Kraft, das Licht vor Augen

76

Das Gewissen ist die Relaisstation für den Umbau von Reaktionen in Aktionen (oder Non-Aktionen).

77

Gewissen ist weniger die Stimme Gottes, als vielmehr die situative Stimmigkeit der Person.

78

Das Äußerste des Menschseins ist, was der Mensch aus seinem Innersten herausholt.

79

Demut besagt nicht Fortstreben zu fernen Vollkommenheitsufern, sondern Sicheinfinden im Hafen der Beschränkung und des Mißlingens.

80

Die Toleranz endet dort, wo die Intoleranz beginnt.

Dreams

81
Träume deine Träume weiter, auch wenn sie kaum in Erfüllung gehen können. Das kann spannender sein als die Erfüllung des Traums.

82
Der Osten hat eine Sedes-Kultur, der Westen eine Pedes-Kultur.

83
Das Englische beschreibt das Wesen des Menschen qua Individuum vortrefflich: Er ist »self-contained«, er ist sich selbst Inhalt.

Vom rechten Umgang mit der Wirklichkeit

84
Die Dinge ernst nehmen heißt: offen sein für das Ganze

85
Wer sich nicht für das Leben entscheidet, über den entscheidet das Leben.

86
Man muß aufpassen, daß die Manier nicht zur Manie wird.

87
Diplomatie ist die Kehrseite der Medaille, die Abhängigkeit heißt.

88
Ich muß in der Sache über ihr sein, sonst bin ich unter ihr.

Don't close the curtain!

89
Leute heute meinen, sich etwas zu vergeben, wenn sie dem anderen vergeben. Darum vergeben sie sich lieber selbst.

90
Jede Enttäuschung sollte Anlaß sein zu der Frage, wer wen enttäuscht hat.
Dann kämen wir der Ent-täuschung ein Stück näher.

91
Wer dem Fluxus folgt, dessen Leben kann nicht ausufern.

92
Das Fragmentarische wie das Fragile will sagen: Geh sorgsam mit mir um. So liegt der Ansatz des Ethischen in der Wirklichkeit selbst.

93
Guter Rat ist teuer.
Ratschläge aber kommen einen - wie alle Schläge - teuer zu stehen!

94
Moduswechsel: Wer zuviel mitnimmt, ist am Ende mitgenommen.

95
Engpässe sind keine Sackgassen, sondern Durchgangsstationen. Sie weiten sich zu neuen Wegen.

96
Nur wer Erfahrungen zusammenschaut, kann die aktuelle Erfahrung richtig einordnen.

97
Wenn man einen Fuß in der Tür hat, besteht auch die Gefahr, daß man sich einklemmt.

98
Der Plan für den Alltag muß aus der Wirklichkeit kommen, nicht aus einem selbst. Die Wirklichkeit winkt – nicht nur mit dem Zaunpfahl.

99
Nicht das Fragmentarische ist das Problem, sondern der Umgang mit ihm.

100
Wer eine Sache abrundet, kann bei anderen nicht anecken.

101
Toleranz bleibt längerfristig nicht mit sich identisch, sie gabelt sich in Affirmation oder Indifferenz.

102
Es wäre ein Coup, wenn es gelänge, die Rage in Courage zu verwandeln.

103
In den Tag h i n e i n leben heißt, sein Selbst aus dem Umgang mit der Wirklichkeit neu zu gewinnen.

Charaktervision

104
Es hat einen großen Vorteil, den anderen solche Komplimente zu machen, die man sich selber machen kann.

105
Varietas delectat - und verhindert Sucht.
Wer die Abwechslung von der Abwechslung sucht, landet in der Sucht.

106
Wenn das Gedächtnis oder der Verstand streikt, bleibt dennoch ein Sicherungssystem: der Instinkt.

107
Man muß nicht alles positiv sehen. Man kann das Negative integrieren oder umbauen.

108
Die Einstellung ändert sich mehr durch Tun als durch Einsicht. Es gilt »learning by doing«. Fang an zu lieben und du entfaltest die Haltung des Liebenden.

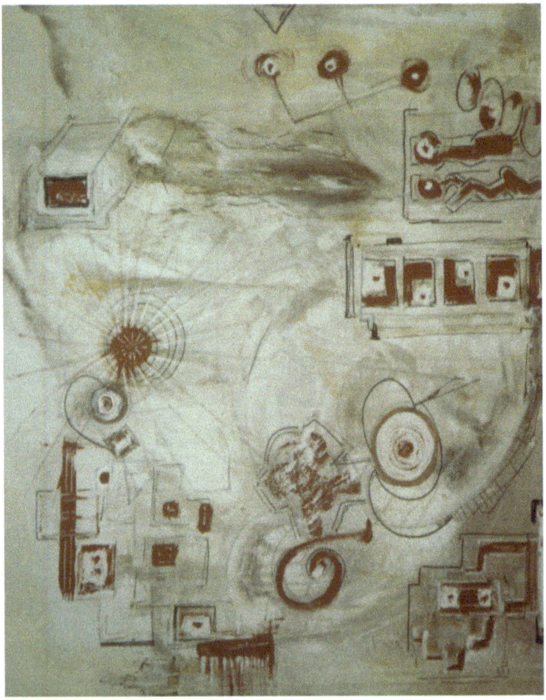

Modifikation

109
Man sollte die Dinge so anschauen, daß man ihnen möglichst viel abschauen kann.

110
Kompassion. Sie ist der Kompaß der Seele und einer neuen Ethik.

111
Leb die Gegenwart und du kannst getrost die Dinge erwarten, nach denen du dich sehnst.

112
Jede Person hat viele Freiheiten. Die Aufgabe besteht darin, diese ins Gleichgewicht zu bringen. Die Lebenswaage muß austariert werden.

113
Um Enttäuschungen im Zwischenmenschlichen zu vermeiden, darf sich der Mensch nicht auf ein Ziel kaprizieren, sondern braucht einen »target range«, bei dem er situativ das »Machbare« wählt.

114

Das Leben ist wie Pfeil und Bogen. Über den Zeitpfeil ist ein Bogen gespannt. Die Zeitachse trifft man schön mit Amors Pfeil. Oder man vertraut dem großen Spannungsbogen darüber.

Energiefeld

115
Alle sprechen von Berührungsängsten. Wer spricht von Berührungsfreude?

116
Wenn Differenzen Differenzen schaffen, muß man differenzieren.

117
Alle Welt achtet und setzt auf Zugewinn, z. B. sogenannte Gewinnmitnahmen. Es kann sich aber auch lohnen, den Dingen etwas abzugewinnen.

118
Wer jenseits von Gut und Böse ist, erlebt ein Stück Transzendenz schon in der Immanenz.

119
Den Problemen aus dem Weg zu gehen, ist kein Ausweg, sondern der Weg ins Aus.

120
Wer immer nur die Sachen hinter sich bringen will, braucht sich nicht zu wundern, wenn er eines Tages alles schon hinter sich hat.

121
Wenn man - ungewollt oder gar widerwillig - andere Wege mitgeht, öffnen sich Optionen, Perspektiven, Horizonte.

122
Es sich anders überlegen und sich - in den Augen der anderen - widersprechen: Die Beachtung dieses feinen Unterschieds könnte uns zwischenmenschlich viel Ärger ersparen.

123
Jedes echte Gespräch kennt keine Positionen, sondern ist Komposition.

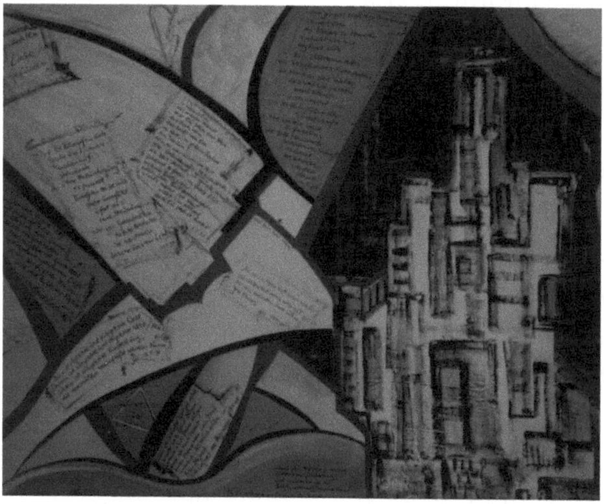

Lyrics

124
Wer ein gegenwärtiger Mensch wird, ist des Glücks gewärtig, dem Göttlichen näherzukommen.
Dies setzt Akzente gegen die »vorlaufende Entschlossenheit zum Tod« und gegen den gnadenlosen Kreislauf des »Stirb und werde« eine neue Geradlinigkeit.

125
Aufregung sollte man als Aufwind positiv aufnehmen.

126
Wir brauchen ein Anti-Beschäftigungsprogramm: gegen die Dinge nämlich, die uns ständig beschäftigen.

127
Wir sollten über die Fehler der anderen lächeln, über die eigenen aber lachen.

128
Urlaub destabilisiert Gewohnheiten und verändert aus der Distanz immer auch ein wenig den »approach« zu den Dingen.

129
Es ist natürlich schwerer, der Schokolade einen Riegel vorzuschieben, als sich einen Schokoladenriegel reinzuziehen.

130
An der Bescheidenheit scheiden sich Person und Sache: Die Person ist gut, die Sache schlecht.

131
Wer »völlig losgelöst« ist, ist nicht so autonom, wie er glaubt.

132
Wenn der Verstand ein Entscheidungspatt produziert, verlaß dich auf dein Gefühl.

133
Briefeschreiben ist die verbriefte Chance, nicht nur den zwischenmenschlichen, sondern auch den eigenen Geist zu fördern.

134
Wer viel Wind macht, braucht sich nicht zu wundern, wenn er viel Gegenwind bekommt.

135
Bevor man eine Entscheidung trifft, sollte man das Gedankenkarussell in ein Argumentenkarussell verwandeln und dieses sich so lange drehen lassen, bis es einrastet.

136
»Nunc stans« praktisch verstanden: aus dem Stand leben.

137
Man kann nur e i n e r Leidenschaft frönen, denn unter mehreren würde die einzelne Leidenschaft leiden.

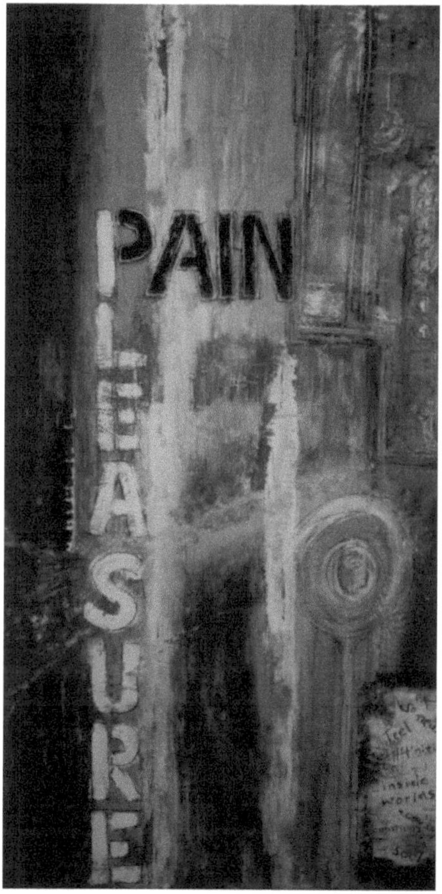

Pleasure – pain

138
Spann den Bogen zum andern so, daß er ein Dach bildet, unter dem du einhergehen kannst.

139
Wer sich in die Pflicht nehmen läßt, den kann man eigentlich nur ins Gebet nehmen.

140
Gegen das Unglück sollte man ein Vorurteil haben. Denn es kann sich zum Glück wandeln.

141
Aktienkurse *geben nach*: eine Baisse.
Beim Menschen wäre das *Nachgeben* eine Hausse.

142
Den Spieß umdrehen heißt immer, ihn gegen sich selbst richten.

143
Wer immer nach dem dritten Weg sucht, versäumt leicht den ersten Schritt.

144
Viele, die ihren Kummer runterspülen und vielleicht zum Alkoholiker werden, erliegen dem fatalen Irrtum, daß die Speiseröhre der Sitz des Kummers ist.

145
Hängepartien sollte man am besten homöopathisch in einer Hängematte ausschaukeln.

146
Vergessen ist nicht Vergeben. Vergebung fängt dort an, wo das Vergessen nicht aufhört.

147
Die Berufung auf das Angestammte ist eine bisher kaum aufgedeckte Form der Erbschleicherei.

148
Jeder Tag ist ein Rad, an dem man mitdrehen kann.

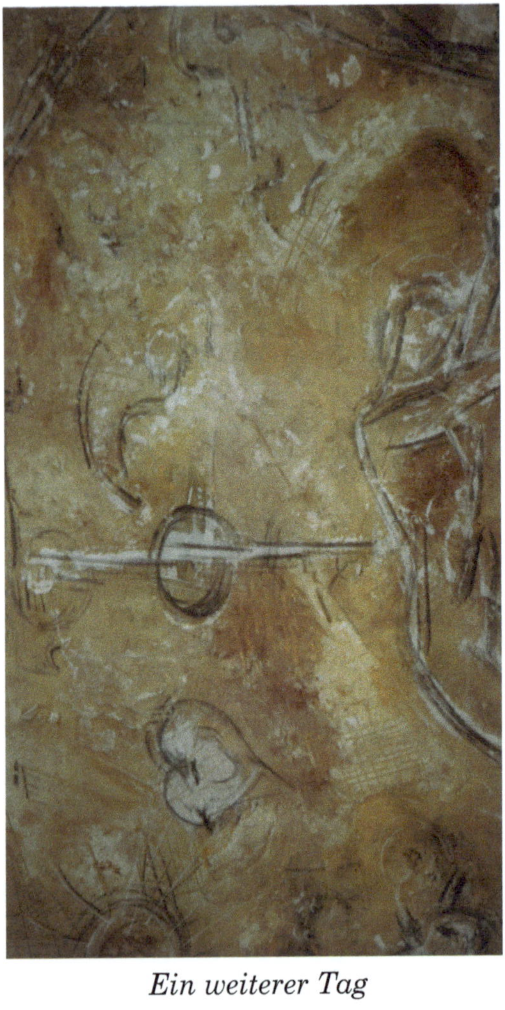

Ein weiterer Tag

149
Flexibel sein ist mehr eine Frage des Denkens als des Wollens.

150
Zusammen gehen bedeutet zusammen wachsen, Zusammengehen nur Zusammenwachsen.

Einsichten

151
Nicht alles, was überbordet, geht unter.
Die große Ausnahme: die Freude.

152
Der Unterschied zwischen
a) einem Wissenschaftler und
b) einem Künstler?

Lösungsvorschlag:
a) kann mehr, als er darf;
b) darf mehr, als er kann.

153
Zeit verzeiht.

154
Ein Trost, daß die anderen auch an Alter wachsen, ob an Weisheit, bleibt ja schließlich offen.

155
Deutung schafft Klarheit, Andeutung Phantasie.

156
Der Melancholie der Erfüllung korrespondiert die Euphorie des Prä-Ludiums.

157
Viele meinen nur etwas, wenn sie glauben, daß sie denken. Aber man kann nicht denken, sondern nur meinen und glauben, was man will.

158
Reif-Sein ist die Umbuchstabierung von Frei-Sein.

159
Genialität ist niemals kongenial.

160
Die Tagträume bei Nacht sind intensiver als die Nachtträume bei Tag.

Vernebelung der Gedanken

161
Wir machen das Wetter nicht, aber wir machen es mit!

Drops

162
Wer nachdenkt, denkt vor.

Mirror of soul

163
Zu beklagen: Armut an Anmut
Zu bewundern: Anmut in Armut

164
Der Weg entsteht oft erst auf dem Weg.

165
Die Angst ist das Epizentrum der Depression.

166
Kontraste verleihen der Wirklichkeit Konturen.

167
ZIER-REIZ
Die Zier spiegelt sich im Reiz.

168
Je wacher das Auge, desto größer die Intelligenz.

Eye & I

169
Die Haltung ist ein Derivat des Halts.

170
Ubi non scientia, ibi non conscientia!

Ambivalenz

171
Vergleiche sind ambivalent. Sie bringen nicht Gleiches, sondern Ungleiches ans Licht. Es ist sodann freilich wichtig, das Gleichgewicht wieder zu finden.

172
Der Mensch bleibt nicht nur hinter seinen Möglichkeiten, sondern auch hinter der Wirklichkeit zurück.

173
Synthesen bringen mehr voran als Analysen.

174
Beim Schätzen des Alters kommt es nicht so sehr darauf an, daß ich es treffe, sondern wie ich es empfinde.

175
Tradition bedeutet: das Bewährte bewahren, mehr nicht.

176
Es ist schwer für Argumente, gegen Evidenzen anzukommen.

177
Wenn man splitternackt ist, fällt der Splitter im Auge des anderen nicht mehr so auf.

178
Das Auf und Ab des Lebens einmal anders: Wer aufgeklärt ist, ist auch abgeklärt.

179
Ob man der wird, der man ist, ist fraglich; gewiß ist freilich, daß man der ist, der man wird.

180
Wer nichtet, der lichtet.

181
Das Leben ist manchmal wie eine kurvenreiche Einbahnstraße mit Gegenverkehr.

The door to yourself

182
Eine neue Kultur der Sinnlichkeit ist ein Tor zum Übersinnlichen.

183
Es gilt auch: corpus sanum in mente sana

184
Man kann nur seinen *Weg machen*, sein Ziel nicht.

185
Wer's notwendig hat, wendet die Not nicht.

186
Nicht wenige, die etwas versprochen haben, haben sich versprochen oder sich etwas versprochen.

187
Je unscheinbarer etwas ist, desto mehr Sein darf dabei vermutet werden.

Alive

188
Wer dem Weichenstellen ausweicht, versteht nicht einmal Bahnhof.

189
Wenn das Leben aus den Fugen geraten ist, ist die Fügung der I-Punkt.

190
Arbeit ist ein Bollwerk gegen die (An)Brandungen des Lebens.

191
Besser: Leben und leben lassen als das Leben lassen oder das Leben sein lassen.

192
Die Gedanken sind frei, heißt es.
Manche Gedanken sind aber so fesselnd, daß sie einen nicht mehr loslassen.

193
Nicht jeder, der ein Diplom hat, ist ein Diplomat.

194
Die Engel brauchen keinen Umkehrschub, die Bengel schon.

195
Die Dinge sind uns zuhanden.
Sind sie bloß vorhanden, sind sie allzu leicht abhanden.

196
Man hat nicht die ganze Wahrheit, wenn man die nackte Wahrheit ausblendet.

197
Das Böse hat der Mensch nicht in sich, sondern es kommt von außen in ihn hinein. Das wußte schon Jesus: »Was von innen kommt, macht den Menschen unrein.« (Mk 7,20)

198
Humor ist nur dann authentisch und gut, wenn er nicht als Vorwand oder Instrument dient, den Wolf im Schafspelz zu spielen.

199
Der Schlaf ist nicht nur der Bruder des Todes, sondern auch die Schwester des Lebens.

200
Wer aufschneidet, schneidet sich ab vom Strom des Lebens.

201
Wer einen Halt hat, dessen Verhalten wird zur Haltung.

202
Der hermeneutische Zirkel ist die hermetische Quadratur des Kreises.

203
Wenn weniger mehr ist, dann ist nichts alles. Das ist die Logik des Nirwana. Das ist allemal besser, als wenn alles nichts ist.

204
Carpe diem et – cape noctem!

205
Anmut ist unvergängliche Schönheit.

206
Die Seele mag Schaden nehmen, doch der Geist bringt uns auf Distanz zur Seele.

207
Nur das Unvergängliche ist unverfänglich.

208
Alternativen sind nicht bloß Substitute, sondern weiten den Horizont.

Sehnsüchtige Nachdenklichkeit

209
Nichts kann mehr sein als alles. Es hängt von deinen Erwartungen ab.

210
Bedenke: Du kannst dein Gesicht verlieren, gewinnen kannst du es nicht.

Schließ nicht deine Augen!

211
Kein Wunder, wenn die Chemie nicht stimmt: Sie ist künstlich. Steig um auf die neue Leitwissenschaft: die Biologie.

212
Gedächtnis ist nicht nur Macht, sondern auch Vermächtnis.

213
Würde die Utopie Realisierbarkeit anzielen, wäre das ihre Selbstkasteiung.

214
Wer wenig hat, kann mehr verlieren als einer, der viel hat.

215
Preise lassen sich vergleichen, Gefühle nicht.

Fiktive Vision

216
»Großartig« oder »einzigartig« ist nicht die Steigerung von »artig«, sondern scheint eher in dialektischer Spannung dazu zu stehen. Nicht eigenartig?

217
Authentizität heißt, die Tiefe an die Oberfläche kommen zu lassen. Die Tiefe lügt nicht.

218
Wer sich mit anderen vergleicht, wird dadurch meist nicht reicher, sondern ärmer.

219
Wer sich als e t w a s Besseres fühlt, ist nicht so menschlich, wie er glaubt.

220
Wer findet, kann auch weitersuchen.

L'interieur humain

221
Der Schuh, den man sich nicht anzieht, kann einen schon nicht mehr drücken.

222
Das Äußere ist immer Ausdruck des Inneren, auch wenn man sich verstellt.

Inside – outside

Glaube

223
Glaube ist nicht berechnende Minimierung der Gegenargumente, sondern - ähnlich dem Verliebtsein - ganzheitliches, ambivalenzüberwindendes Fasziniert- und Angezogensein vom Gegenüber.

224
Gott erhält.
Wo er nicht erhält, erhellt er.

225
Christsein ist die Veredelung wild treibender Zweige des Menschseins.

226
Die Antenne zu Gott mag zwar ausgezogen sein, solange wir aber den Sender der Mit-

menschlichkeit nicht genau einstellen, werden wir keinen guten Empfang haben.

227
Ich muß auf Erden einen Kompromiß schließen zwischen Himmel und Erde.

Falsche Tränen

228
Die Gleichung des Lebens geht dann auf, wenn wir für deren Unbekannte einen Parameter einsetzen. Gott wäre dafür das Optimum.

229
Gott ist die Sprache, die den Menschen zur Sprache bringt.

230
Das Kreuz schaut uns ins Gesicht, damit wir dem Kreuz ins Gesicht schauen.

231
Das Immer-wieder-Setzen eines Neuanfangs ist entfesselndes Identifikationsgeschehen mit dem Absoluten.

232
In ihrer Apodiktik nimmt die Theologie ihre Aporetik nicht mehr wahr. Sie wird ideologieanfällig.

Crosses

Visit me!

233
Christsein heißt: paradiesseits leben

234
Der Himmel ist der einzig weltumspannende Horizont. Diese Erkenntnis verändert die Perspektive.

235
Die Trinität sollte uns vor Bigottheit und Einfältigkeit bewahren.

236
Gott läßt die Dinge nicht laufen, sondern läßt sie machen - im Sinne der Autonomie. Das meint »Laisser faire« ursprünglich.

238
Wenn der Mensch die Krone der Schöpfung ist, ist das Leben Pro-vision, nicht Provisorium.

239
Wer Gott als den »ganz anderen« denkt, hat die »analogia entis« nicht verstanden. Denn Schließen geht nur in der Kategorie der Ähnlichkeit.

240
Zur Freiheit Gottes gehört auch ein Ermessensspielraum. Man nennt ihn Gnade.

241
Wem Gott ein Amt gibt, dem gibt er Verstand. Wem er keines gibt, dem gibt er Vernunft.

242
Mit dem Advent Gottes verhält es sich wie mit einer Frau, der »mann« eine Visitenkarte gegeben hat, in der Hoffnung, einen Anruf von ihr zu bekommen.

243
Es hat 2000 Jahre gedauert, bis die Menschheit Arbeitsteilung und Teamwork vom christlichen Gott übernommen hat.

Affinität

244
Ein menschenfreundlicher Gott ist nicht traurig, wenn die Menschen ihn zu viel, sondern ihn zu wenig bitten.

245
Zur Heilsökonomie:
Weder ist das Heil ökonomisch, noch ist die Ökonomie heilig.

246
Gott ist der Eine, nicht der Andere.

247
DOGMA I AM GOD.
Ob von vorne oder von hinten gelesen, es führt kein Weg daran vorbei: Gott geht offenbar auf Distanz zu den Theologen.

248
Im Anfang war das Wort.
Und wann hat Gott die deutsche Grammatik geschaffen?
Wohl am 6. Tag, denn am 7. ruhte er.

249
Die spannendste Suche ist die Gottsuche.
Diese Suche hört niemals auf.

250
Jesus als Wort Gottes sei die letzte Offenbarung Gottes.
Was aber ist mit der Musik? Ist sie in ihrer Mystik nicht die tiefste Offenbarung überhaupt?

251
Der Mensch macht Gott im Gebet tendenziell zum Faktotum. Aber Gott ist zum Glück nicht tot, sondern das Totum.

252
Wie können wir Gottes Gericht verstehen? Die Dinge »sub specie aeternitatis« sehen.

253
Die Prozeßtheologie hat einen schmerzlichen Prozeß durchgemacht. Sie existiert nicht mehr. Sie hat sich selber den Prozeß gemacht.

254
Der Mensch ist die Sprache, die Gott zur Sprache bringt.

255
Der monotheistische Gott muß notwendig polyglott sein.

256
Mystik ist die meditative Einrollung in das »nunc stans«.

257
Der Glaube hält uns den Rücken frei für die Welt.

258
Gottes Liebe ist unbedingt und vorbehaltlos, aber nicht bedingungslos.

259
Die Revelation ist relevant. Sie meint eine Enthüllung, freilich keine vollständige, denn das Mysterium bleibt.

260
Solange die Existenz des Teufels nicht bewiesen ist, gibt es keinen Grund, an ihn zu glauben.

261
Jeder glaubt an etwas, heißt es.
Was glaubt der, der nicht weiß, was er glauben soll?

Kryptisch

262
Die Armen im Geiste wurden selig gepriesen. Vielleicht hätte besser der Geist in den Armen selig gepriesen werden sollen?

263
Von nichts kommt nichts, sagt der Volksmund. Welcher Kleinglaube! Gott schuf alles aus dem Nichts. Creatio ex nihilo.

264
Spinozas »deus sive natura« ist heute abgelöst durch ein »deus sive dea«.

265
Wenn Gott seinen Sohn zur Erlösung der Menschen opfern würde, würde auch für ihn gelten: Der Zweck heiligt die Mittel. Damit würde sich Gott aber seiner Souveränität als ethisch-normativer Kraft begeben. Darum kann die Opfertheorie nicht stimmen.

266
Die Simultankonferenz ist heute ein hervorragendes Bild für das Zu-Tische-Sitzen im Reich Gottes.

267
Der Glaube steht immer in Gefahr, zur Ideologie zu verkommen. Angesichts der vielen Glaubensirrtümer muß er sich die Wahrheit gesagt sein lassen - von der Vernunft.

268
Lk 17,20 = die digitale Revolution Jesu:
»Wenn ich mit dem Finger Gottes die Dämonen austreibe, dann ist das Reich Gottes schon zu euch gelangt.«

269
Das Handeln ist das Echo des Gebets.

270
GEben und BETen fügen das Leben zum GEBET.

271
Die Rede von Gott als dem Herrn über Leben und Tod enthält das Moment des Inhumanen. Humaner ist es, »sanft zu entschlafen«, was zum Ausdruck bringt, daß die Endlichkeit des menschlichen Seins an ihr Ende gelangt.

272
Felsenfester Glaube ist nicht unerschütterlich. Auch am Felsen nagt der Zahn der Zeit.

273
Wenn sich alles wunderschön zusammenfügt, ist es keineswegs abträglich, an Fügung zu glauben.

274
Die Auferstehung transzendiert unseren Horizont. Wir können diesen Gedanken darum nur horizontalisieren.

275
Wenn die Bibel Gottes Wort ist, dann muß Gott sehr tolerant sein, gemessen an der Vielzahl der Interpretationen.

276
Die Aufgabe des Christen ist es vor allem, nicht aufzugeben.

277
Allen Skeptikern bezüglich Gottes Eingreifen in die Welt sollte man die moderne Medizin als Spiegel vorhalten. Warum sollte nicht auch Gott der schonenden minimal-invasiven Methode mächtig sein?

278
Das Auge Gottes: eine antropomorphe Rede von Gott ohne Augenmaß.

Focus

Bildung / Erziehung

279
Die dialektische Pädagogik:
Wer fordert, der fördert.
Und: wer fördert, der fordert.

280
Praxisbezogene Ausbildung ist konservativ und verkennt die Orthopraxie.

281
Strafe hilft:
Sie hilft dort, wo der Bumerang-Effekt der Un-Moral ausbleibt.

282
Wissen hat man für den Fall, daß Intuitionen ausbleiben.

283
Wer nicht im Bild ist, fällt aus dem Rahmen.

284
Nicht Wissen zu checken, sondern Können zu wecken ist die Aufgabe der Pädagogik.
Eine solche ist wahrhaft zukunftsorientiert.

285
Einer der größten Irrtümer der modernen Religionspädagogik besteht darin zu glauben, daß man Glauben lernen könne.

286
Forschung ist die Einholung der Möglichkeiten, die in der Wirklichkeit selbst angelegt sind.

287
Kreativität spielt sich jenseits der vorgefertigten Bahnen der Methodik ab.

288
Provokation ist gut, Evokation ist besser.

289
Erziehung: meint nicht ein Groß-, sondern ein Hochziehen.

290
Wenn etwas verpönt ist, ist das oft schon Strafe genug.

291
Aufwachsen heißt Aufwachen.

292
Der Lehrer geht in *seinen* Unterricht. Es scheint, als ob die Besitzstandswahrung der Beamten auf den Unterricht übergegriffen hätte.

293
Geburt ist niemals ein-, sondern wechselseitig: Wie die Mutter das Kind, so gebiert auch das Kind die Mutter.

Mother – and – child – (re)union

294
Die Lehrer rechnen oft nicht mit Schülerstreichen, und schon gar nicht mit dem Schüler als Geniestreich.

295
Solange der Lehrkörper in der Schule lehrt, wird der Geist eine Leerstelle aufweisen.

296
Die Ernennung Einsteins zur Persönlichkeit des Jahrhunderts ist per effectum das denkbar vernichtendste Urteil über das deutsche Schulsystem.

297
Das Probieren der Jugend, wie weit man gehen kann, sollten die Pädagogen nicht argwöhnisch als pubertäre Erscheinung abtun, sondern positiv als Steigerung menschlicher Kommunikationsmöglichkeiten sehen und bewahren.

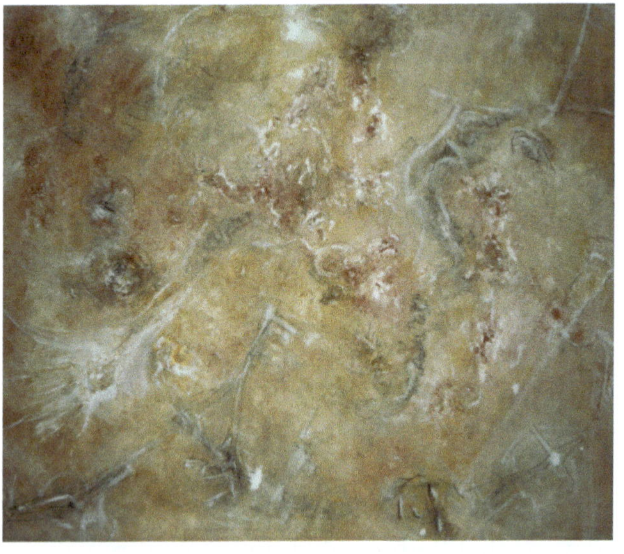

Der infantile Drang

298
Pädagogik heißt nicht, sich dem Schüler anzubiedern, sondern sich ihm anzubieten und ihm eventuell auch die Stirn zu bieten. Das meint Frontalunterricht.

299
Man kann nur zwischen den Stühlen stehen. Darüber sollten auch einmal die Lehrstuhl-Inhaber nachdenken.

300
Prägung ist keine chemische Imprägnierung gegen die Unbilden der Zeit.

301
Reifung braucht Reibung.

302
Mögen fördert Vermögen.

303
Wenn Prüfungstermine ihre Schatten voraus-

werfen, heißt dies noch nicht, daß der Prüfer etwas nachwerfen muß: gute Noten.

Zeitkritik

304
Zur Fun-Generation:
Fun braucht Fundament. Dann kommt Freude auf.

305
Heute gibt es keinen Zufall mehr – alles ist eine Frage des Timing!

306
Die einzige Teufelsaustreibung, die heute noch zulässig ist, ist die der Teufelskreise, insbesondere dem von Angst und Gewalt.

307
Die Leistungsgesellschaft schafft - den Humor ab und leistet alles andere als Gesellschaft.

308
Wenn nichts mehr abgeht, geht heute am meisten ab.

309
Temporarität ist keine Rarität in unserer Tempo-Zeit.

310
Positives Denken: Negation der Negativität? Positives Denken ist nicht die Perestroika der negativen Emotionen oder deren »Wegdenken«, sondern ihr gelassenes Be-denken.

311
Die Rationierung der Ratio ist ebenso charakteristisch für unsere Zeit wie die Nivellierung des Niveaus.

312
Solange wir Telepathie ausschließlich mit Parapsychologischem verbinden, werden wir den exorbitanten TV-Konsum nicht drosseln.

313
Das Plagiat ersetzt mehr und mehr die eigene Plage und wird so selbst zur Plage.

314
Der Urschrei ist gewiß nicht der *dernier cri* der Psychotherapie.

315
Die Rechtschreibreform ist ein Alptraum.
Um dies zu vertuschen, schreibt man jetzt Albtraum.

316
In der Technik kommt es heute darauf an, eine Balance zwischen Esprit, Excellence und Effizienz zu finden.

317
Unsere Zeit krankt daran, daß das Kontingente immer mehr funktionalisiert wird, statt es symbolisch zu nehmen. Symbolik schafft Distanz und Gelassenheit.

Symbolic

318
Das neue Zauberwort des Kapitalismus: Effizienz. Unter der Effizienz leidet inzwischen sogar die Effektivität.

319
Abwechslung bewahrt ursprünglich und eigentlich vor Sucht. Heute ist die Abwechslung selbst zur Sucht geworden.

320
Die Umwertung der Werte führt dazu, daß das Beisichsein zur Ekstase an sich wird.

321
Der Mensch unserer exzentrischen Zeit ist nicht mehr auf der Suche nach der Wahrheit, sondern nach dem ultimativen Kick. Wahrheit ist ihm langweilig geworden.

322
Machthaber, Rechthaber, Liebhaber: Die Deutschen sticht der Haber.

323
Je vernetzter das Denken, desto engmaschiger wird es. Man hat dann irgendwann Maschendrahtzaun vor dem Kopf.

Dive – society sides

324
Die Leistungsgesellschaft schlägt wieder zu. Sie will Differenzierung leisten, schlägt aber stattdessen alles über einen Leisten.

325
Nicht der Mensch macht die Gesellschaft krank, sondern die Gesellschaft den Menschen.

326
Wie weit Saturiertheit und Egozentrik vorangeschritten sind, ist an der Schwierigkeit ablesbar, heute Menschen noch wirklich beeindrucken zu können.

327
Alle Welt ruft nach Synthese von Ratio und Gefühl.
Warum ist dann das Senti-mentale so verpönt?

328
Was kommt auf uns zu: die Dienstleistungsgesellschaft, die Informationsgesellschaft, die

Wissensgesellschaft oder die Erlebnisgesellschaft? Antwort? -
Gegenfrage: Wo bleibt die menschliche Gesellschaft?

329
Die Wissensgesellschaft ist tot, bevor sie begonnen hat.
Sokrates: Ich weiß, daß ich nichts weiß.
Nikolaus von Kues: docta ignorantia.

330
Die Straßenbahn hat (noch) kein Sensorium für die Erlebnisgesellschaft. Ein nettes Wort von Mensch zu Mensch würde die Erlebnisqualität heben. Nicht auszudenken, wenn das Kreise zöge.

331
Was definitiv nicht Schule machen sollte: die heutige Schule.

332
Geradezu ein Gag, welche Gage manches Engagement einbringt!

333
Essen war immer schon ein großes Freiheitserlebnis. Ich allein entscheide, was meinen Mund passiert.
So gesehen, werden die Menschen in der sogenannten Dritten Welt einer wesentlichen Freiheit beraubt.

334
Wenn High-Tech auch zu High-Feel führt, wäre das ein Fortschritt. Es scheint aber eher das Gegenteil einzutreten.

335
Früher winkte man, wenn man mit dem Zug abfuhr, und es gab Tränen. Heute gibt es Tränen, weil man nicht mehr winken kann.
Wir »verdanken« sie der Technik.

336
An der Oberfläche herrscht im Straßenverkehr Auto-nomie. Genauer betrachtet, ist es aber oft Kompensation.

Geflecht

337
So ändern sich die Zeiten. Früher ging man auf Tanz.
Heute geht man auf Distanz, sogar beim Tanz.

338
Je vernetzter die Welt, desto größer die Gefahr der Verstrickung.

339
Solange die Gesellschaft auf Anpassung basiert, verharrt sie auf einer animalischen Stufe.

340
Mit der zunehmenden Globalisierung geht ein zunehmendes Verschwinden von Lokalem einher, speziell auch von Lokalen.

341
Die Anthropozentrik wird derzeit von der Computerozentrik abgelöst. Alles dreht sich

nur noch um den Computer. Der Computer als Krone der Schöpfung des Menschen?

342
Manches Mahnmal kippt schon in der Vorstellung um zum Wahnmal.

343
Nicht mehr im Nachdenken liegt die Gründlichkeit der Deutschen, sondern im Nachgang, in Nachrüstung, Nachbesserung und Nachhaltigkeit. Ist Nachtrauern indiziert?

344
Das Schöpfertum des Menschen braucht uns nicht mit Sorge zu erfüllen: Klonierung schafft Kopien, Schöpfung Originale.

345
Wer die Statistik zur Grundlage der Psychologie macht, macht die Psychologen zu Statisten.

346
Wissen = Macht
Wissensgesellschaft = Machtgesellschaft?

347
Eine neue Variante der Überflußgesellschaft: Die Technik macht den Menschen überflüssig.

348
Vielleicht hat die zunehmende Anwendung des Multiple-choice-Verfahrens die multiple Persönlichkeit hervorgebracht. Oder diente etwa der Politiker der Psychologie als Vorbild?

349
Auch der moderne Ansatz der Ganzheitlichkeit ist und bleibt fragmentarisch.

350
Es ist gar nicht so schwer, die Welt und ihre bisherigen Werte auf den Kopf zu stellen: Es gilt dann nicht mehr: »Homo homini lu*p*us est«, sondern »Homo homini lu*d*us est«.

351
Jede Ideologie schaufelt sich ihr Grab selbst, weil die Theorie die Praxis so zurechtbiegt, bis alles bricht.

352
Auch der Protest wird inhaltsärmer. Er ist nackt geworden.

353
Die Kritik an Pornographie geht von falschen Voraussetzungen aus: Graphie meint Geschriebenes.

354
Die Swinging Sixties haben politisch die konzertierte Aktion hervorgebracht. Dem Techno der Neunziger entspricht das coole Bündnis.

355
Der Werteverfall hat in der Straßenbahn begonnen: exakt mit der Ticketentwertung!

356
Wer viel Fusion sät, erntet am Ende Konfusion.

357
Seit den Tagen der Rote-Armee-Fraktion kann man nicht mehr sonderlich aktiv sein. Sonst wird man als Aktivist verschrieen.

358
Es gibt auch das Understatement in Deutschland: das Unternehmen. Entweder die Unternehmen übernehmen sich oder sie nehmen zu viel vom Arbeitnehmer.

359
Selbstdisziplin ist nicht gefragt, stattdessen Flexibilität. Sie ist der Deckmantel für alle Anpassung geworden.

360
StudentInnen: Die neue Innenseite der Emanzipation macht die Männer zu Außenseitern. Soll das der I-Punkt sein?

Bürokratie / Politik

361
Was ist der Unterschied zwischen einem Koch und einem Politiker?
Der Koch hat ein Rezept und kocht danach.
Der Politiker hat kein Rezept und kocht danach auch.

362
Wissen denn die Politiker, was sie tun, wenn sie die Bildung zum Megathema machen?
Warnung von der Basis: Bildung kann gefährlich werden!

363
Partei ergreifen für Demokratie statt für Partei – ein echtes Desiderat!

364
Warum kleben die Deutschen so an ihren Posten?
Weil sie meinen, daß Posten von Po abgeleitet ist und sie die Probleme aussitzen müssen.

365
Die Politiker wollen das Land jetzt zukunfts-*fähig* machen. Aber: Wann wird die Zukunft *real*?

366
Rechtsstaat wird immer mehr so ausgelegt:
Der Staat stößt den Bürger erst einmal vor den Kopf, so daß dieser dann zusehen kann, wie er zu seinem Recht kommt.

367
Die Bürokratie produziert mittlerweile mehr Anarchie, als sie zu verhindern suchte.

368
Vom Haben zum Sein (politisch): Deutschland *ist* jetzt eine Stag-nation!

369
Die Hierarchie zeigt dem Volk die Breitseite, statt seine Bandbreite zu respektieren. Das ist das soziologische Kreuz, genauer die Crux des Unsozialen.

Life – cross

370
Die Reformen gehen nur an die Form, nicht an die Substanz.
Darum haben wir ständig die Reform der Reform.
Was wir brauchen: neue Strukturen!

371
Die Politiker sprechen von der Gesundheitsreform. Aber nicht die Gesundheit, sondern die Politik bedarf der Reform. Wie sagt bereits Jesus: »Nicht die Gesunden brauchen den Arzt, sondern die Kranken.« (Mk 2,17)

372
Die Bürokratie hat den Platz vom lieben Gott eingenommen. Sie ist genauso omnipräsent, nur penetranter.

373
Zur Reinkarnation:
Sollten wir früher schon einmal gelebt haben,

ist kaum vorstellbar, daß dies der Bürokratie entgangen wäre.

374
Würden sich die Politiker selber Fragen stellen - wie der Philosoph, gäben sie vielleicht auch präzisere Antworten.

375
Die Verfügung ist die Verhinderung einer Fügung.

376
Es heißt, hinter den Ämtern, Funktionen und Systemen stehen Menschen. Gewiß. Aber warum traut sich dann nie einer hervorzukommen?

377
Wer von der Würde des Amtes spricht, braucht vom Gewissen des Politikers offenkundig nicht mehr zu sprechen.

378
Solange auf den deutschen Ämtern *Sach*bearbeiter sitzen, kann die Bürokratie nicht wirklich menschlich sein.

379
Wer richtet die Richter? Gott. Ein Postulat der theoretischen wie praktischen Vernunft.

380
Zum bürokratischen Vorgang gesellt sich neuerdings ein »Nachgang«. Das kann nur heißen: Er geht einem nach.

381
Im Recht werden Tiere jetzt nicht mehr als Sachen, sondern als Geschöpfe behandelt. Der Mensch dagegen wird von der Bürokratie zur Sache degradiert: Es gibt zum Beispiel die *Verwendung* des Angestellten oder die *Besichtigung* der Lehrkraft im Unterricht.

382
Von einem Gesetz*geber* kann kaum die Rede sein, eher vom Gesetzesmacher.
Denn der Geber berücksichtigt im Geben der Gabe den Modus des Empfangenden.

383
Wer an den Schalthebeln der Macht sitzt oder Probleme gar aussitzt, kann nicht mehr aufrecht gehen oder stehen.

384
Wenn man beobachtet, welchen Akt manche Sachbearbeiter machen, wenn man Einblick in die Personal*akte* nehmen will, versteht man, warum sie »Personal*akt*« sagen.

385
Die politische Klasse, das letzte Relikt der Klassengesellschaft, schafft sich jetzt selber ab - durch Dillettantismus, Affären und dergleichen. Noch eine »sanfte Revolution von oben«.

386
Die Vollziehbarkeit bürokratischer Entscheidungen ist umgekehrt proportional zu ihrer Nachvollziehbarkeit.

387
Die Bürokratie ist der Wurmfortsatz des Polit-Skeletts.

388
War früher der Krieg die Fortsetzung der Politik mit anderen Mitteln, so ist heute die Politik die Fortsetzung des Krieges mit anderen Mitteln.

389
Die größte Änderung im Parteiensystem Deutschlands in jüngerer Zeit scheint die Überwindung des Zwangs zur 3-Buchstaben-Partei gewesen zu sein.

390
Wer Herrschaft ablehnt, muß auch die Demokratie ablehnen. Demokratie bedeutet bekanntlich Volks*herrschaft*.

391
Die Besetzung muß eine Besessenheit der Politiker sein. Früher wurden fremde Territorien, heute werden politische Themen und Sachfelder besetzt.

392
Es fällt auf, daß neuerdings mehr Politiker auf der Straße verunglücken. Sie glauben vielleicht, auch dort seien die Bankette befahrbar.

393
Der Staat bräuchte heute mehr den Arzt als den Juristen.

394
Solange der Staat Schule macht, ist mit der Schule kein Staat zu machen.

395
Die Quote verdrängt das Argument auch zunehmend in der Politik. Man brüstet sich stolz mit der Meinungsführerschaft. Ein Aha-Erlebnis: Das Führerprinzip ist wieder da!

396
Verlagerung: War der Bandwurm früher eine Magen-Darm-Erkrankung, so ist er heute eine Metastase der Bürokratie.

397
Die Bürokratie befindet sich in einem hoffnungs- und heillosen *circulus vitiosus*. Verlangt einerseits Regulierung nach immer noch mehr Regulierung, geht andererseits Deregulierung nicht ohne neue Regulierung. Wir bedauern, keinen günstigeren Bescheid geben zu können!

398
Wenn man die Energie, die die Bürokratie frißt, anderweitig zur Verfügung hätte, die

Kreativität könnte sich »himmelwärts steigern«.
Freud hätte seine Freude, sähe er die aufgefressene Energie in die Kultur fließen.

399
Deregulierung ist der neue Deismus der Bürokratie.

400
England hat keine geschriebene Verfassung; trotzdem – oder gerade deswegen? – hat bisher auch noch keiner die Fassung verloren.

401
Die bürokratischen Zustände befinden sich jetzt in Kafkaeskalation.

402
Die Gerichte behandeln ausschließlich Negativitäten. Schon darum muß man eine ausgleichende Gerechtigkeit postulieren: Gott.

403
Die Qual der Wahl ist nicht nur nervenaufreibend, sondern auch demokratiefeindlich.

404
Geschlossenheit ist der Tod der Aufgeschlossenheit. Das sollte auch in die Parteibücher geschrieben werden.

Epigramme

405
Ob in der Politik, ob im Sport -
für Boris ist Brimborium das richt'ge Wort.

406
Es ist bekannt,
auch Kant hatte seine Kanten.
Doch wer ist provokanter: Kant oder Kanther?

407
Geht die Dichtung nur auf Nichtung,
fehlt ihr die richt'ge Richtung,
es fehlt die Sichtung der Lichtung.

408
Hab Lieb in Seel' und Leib,
so machst glücklich du das Weib.

409

Das Leben ist wie eine Wippe,
auch wenn du nichts hast an der Lippe,
steht's doch meistens auf der Kippe.

Portmanteaus

Argwohneinheit
Augenhöhenrausch
Edelsteinzeit
Frischluftnummer
Gedankenschwangerschaft
Hemmschwellenländer
Keuschheitsgürtelrose
Kontraproduktivfaktor
Kompostmoderne
Maßstabhochsprung
Oberlippenbekenntnis
Ökumenetekel
Personalaktmalerei
Sexbombenstimmung
Talentschuppenflechte
Verandalusien
Zwiespaltpilz

GLOSSAR	
Affinität	1. Wesensverwandtschaft von Begriffen und Vorstellungen 2. Anziehungskraft, die Menschen aufeinander ausüben
Affirmation	Bejahung, Zustimmung
Agnostiker	Verfechter des Agnostizismus, einer Auffassung, die eine rationale Erkenntnis des Göttlichen oder Übersinnlichen für unmöglich hält
akkurat	sorgfältig, genau
alive	engl.: lebend; lebendig, lebhaft
Ambivalenz	Doppelwertigkeit bestimmter Phänomene oder Begriffe
analogia entis	lat.: Ähnlichkeit des Seienden (mit Gott - in der christlichen Theologie)
Analogie	Entsprechung, Ähnlichkeit
Analyse	systematische Untersuchung eines Gegenstandes oder Sachverhalts hinsichtlich seiner bestimmenden Komponenten oder Faktoren
Anarchie	Herrschaftslosigkeit, Gesetzlosigkeit; Chaos in rechtlicher, politischer, wirtschaftlicher, gesellschaftlicher Hinsicht
anthropomorph	Substantiv Anthropomorphismus: Übertragung menschlicher Eigenschaften und Verhaltensweisen auf nicht-menschliche Dinge oder Wesen, bes. auf Gott
Antizipation	Vorwegnahme von etwas, das erst später kommt oder kommen sollte
Aphorismus	prägnant-geistreich in Prosa formulierter Gedanke, der eine Erfahrung, Erkenntnis oder Lebensweisheit zum Ausdruck bringt
Apodiktik	Position oder Einstellung, die keinen Widerspruch duldet bzw. keine andere Meinung gelten läßt
Apophthegma	witziger Ausspruch, Sinnspruch
Aporetik	Situation oder Zustand der Ratlosigkeit, der aus der Unmöglichkeit, bestimmte philosophische Fragen zu lösen (Aporie), resultiert

apostrophieren	jdn. Oder etwas als etwas bezeichnen
Approach	engl.: Sichtweise, Art der Annäherung an ein (wissenschaftliches) Problem
Askese	1. streng enthaltsame Lebensweise (zur Verwirklichung sittlicher oder religiöser Ideale) 2. Bußübung
Assoziation	Verknüpfung von Vorstellungen, von denen die eine die andere hervorgerufen hat
ästhetisieren	Den Gesetzen des Schönen Vorrang geben und etwas danach gestalten
asymptotisch	Substantiv Asymptote: Kurve, die sich einer ins Unendliche laufenden Geraden nähert, ohne sie je zu berühren
Atheist	Gottesleugner
Authentizität	Echtheit, Zuverlässigkeit, Glaubwürdigkeit
autonom	selbständig, unabhängig, eigengesetzlich
Axiom	1. als absolut richtig anerkannter Grundsatz; gültige Wahrheit, die keines Beweises bedarf 2. unabgeleitete Aussage eines Wissenschaftsbereiches, aus der andere Aussagen abgeleitet werden
Baisse	Fallen der Börsenkurse
Beaux-arts	frz.: die schönen Künste
Bionik	Wissenschaft, die technische Probleme nach dem Vorbild der Funktionen von Körperorganen zu lösen sucht
Biotop	Lebensraum einer einzelnen Art
Breakout	engl.: Ausbruch
broken heart	engl.: ge-, zerbrochenes Herz
carpe diem et cape noctem	lat.: „Pflücke den Tag und fange die Nacht“
Chose	frz.: (unangenehme) Sache, Angelegenheit
circulus vitiosus	lat.: Teufelskreis
Coup	frz.: überraschend durchgeführte, verwegen-erfolgreiche Unternehmung
Courage	frz.: Mut, Beherztheit
creatio ex nihilo	lat.: Schöpfung aus dem Nichts (in der christlichen Theologie Gott zugeschriebener Akt)
Crux	lat.: „Kreuz“; Situation, die man als schwierig und belastend empfindet, weil das eine mit dem anderen kollidiert; Zwickmühle

degradieren	herabstufen, herabwürdigen
Deismus	Auffassung, nach der Gott die Welt zwar geschaffen hat, aber keinen weiteren Einfluß mehr auf sie ausübt
Dekonstruktion	Gegensatz von Konstruktion; Zerlegung
Deregulierung	Abbau oder Aufhebung von Regelungen
Derhythmisierung	Unterbrechung oder Beseitigung eines bestimmten Rhythmus
Derivat	etwas Abgeleitetes; Abkömmling
dernier cri	frz.: „letzter Schrei", allerletzte Neuheit (bes. in der Mode)
desaströs	Adjektiv zu Desaster: Unheil, Zusammenbruch
desavouieren	1. bloßstellen 2. nicht anerkennen, in Abrede stellen
Desiderat	nötig Gebrauchtes; Erwünschtes
destabilisieren	instabil machen
Destruktion	lat.: Zerstörung
deus sive dea	lat.: Gott oder Göttin
deus sive natura	lat.: Gott oder Natur
dialektisch	in Gegensätzen denkend, entsprechend der Methode der Dialektik (Dreischritt von These, Antithese und Synthese)
dichotom	in Begriffspaare gegliedert (Begriff und Gegenbegriff)
Differenz	1. Unterschied 2. (meist Plural) Meinungsverschiedenheit
digital	Gegensatz zu analog: kontinuierlich, stufenlos 1. mit dem Finger 2. in Stufen, Schritten erfolgend 3. Daten und Informationen in Ziffern darstellend
Dillettantismus	laienhafte, unzulängliche Betätigung auf einem Fachgebiet
dispensieren	jmdn. von etwas befreien
dive	engl.: tauchen
docta ignorantia	lat.: die (über sich selbst) belehrte Unwissenheit
Don't close the curtain!	engl.: „Schließ den Vorhang nicht!"
drop	engl.: Tropfen; Fall, Sturz
dysphorisch	bedrückt, freudlos, gereizt und leicht reizbar
dysthym	traurig verstimmt
Effektivität	Wirksamkeit

Effizienz	1. Wirksamkeit, Wirkkraft 2. bestmöglicher Wirkungsgrad 3. maximale technisch-ökonomische Ausnutzung bzw. Ausreizung einer Wirkung
Ego	das Ich
Ekstase	Verzückung, rauschhafter Zustand, in dem der Mensch der Kontrolle des normalen Bewußtseins entzogen ist
eliminieren	1. aus einem größeren Komplex herauslösen und auf diese Weise beseitigen 2. etwas aus einem größeren Komplex herauslösen, um es isoliert zu behandeln
elitär	1. einer Elite angehörend 2. dünkelhaft-eingebildet
Epigramm	Sinn-, Spottgedicht, meist in Distichen abgefaßt
Epizentrum	Gebiet unmittelbar über dem Herd eines Erdbebens (Geologie)
Erotik	1. mit sensorischer Faszination erlebte, den geistig-seelischen Bereich einbeziehende sinnliche Liebe 2. (verhüllend) Sexualität
Esprit	feine, witzig-einfallsreiche Geistesart
ethisieren	den Gesetzen des Sittlichen einen Vorrang einräumen
Ethos	moralische Gesamthaltung; sittliche Lebensgrundsätze eines Menschen
Euphemismus	mildernde oder beschönigende Umschreibung für einen anstößigen oder unangenehmen Sachverhalt
Euphorie	1. heiter-zuversichtliche Gemütsstimmung 2. Hochgefühl, Hochstimmung
euthym	heiter, froh
evident	offenkundig
Evidenz	Gewißheit, einleuchtende Erkenntnis
evokant	Analogiebildung zu provokant, s. Evokation
Evokation	Erwecken bzw. Hervorrufen von Vorstellungen oder Erlebnissen
Excellence	frz.: Vortrefflichkeit, Vorzüglichkeit
exorbitant	außergewöhnlich, übertrieben
Explikat	Ergebnis einer Darlegung, Erklärung
explizit	ausdrücklich

Exponat	Ausstellungsstück
exzentrisch	1. überspannt 2. außerhalb des Mittelpunktes liegend
eye	engl.: Auge
Faktotum	lat.: jmd., der in einem Betrieb alle nur möglichen Arbeiten ausführt; Mädchen für alles
floating	Floating; Bewegung innerhalb einer Schwankungsbreite
flow	Fluß, Strom; Fließen
Fluxus	lat.: Fluß, Strom; Fließen
focus	engl.: Fokus; Brenn-, Mittelpunkt
Formalia	lat.: die die Form bzw. Formalitäten betreffenden Daten
fragil	zerbrechlich, zart
fragmentarisch	bruchstückhaft, unvollendet
fundieren	begründen, untermauern
Genialität	die sich in einem bedeutsamen Werk niederschlagende schöpferische Veranlagung des Genies
grandios	großartig
Hausse	frz.: Steigen der Börsenkurse
hermeneutisch	die Hermeneutik betreffend; philosophische Methode; geht auf eine Bewegung im *Verstehen*; Verstehenskunst
hermetisch	die philosophische Hermetik betreffend; geht auf eine Bewegung im *Sein*: Verwandlungskunst
Hierarchie	Rangordnung, Rangfolge; Über- und Unterordnungsverhältnisse
High-Feel	engl.: Analogie zu High-Tech, Wahrnehmung auf hohem bzw. höchstem Niveau
Holonomie	griech. „das Ganze ist Gesetz“, im Ggs. zur Autonomie Ausprägung des Einzelnen in der Relationalität und Abhängigkeit vom Ganzen
Hommage	Huldigung, Ehrerbietung
homo homini lupus homo homini ludus	lat.: „Der Mensch (ist) dem Menschen ein Wolf“ (Thomas Hobbes) lat.: „Der Mensch (ist) dem Menschen ein Spiel“ (ludus: Spiel; Schule)
horizontalisieren	etw. in eine horizontale Ebene bringen
Identität	1. vollkommene Gleichheit oder Übereinstimmung (in bezug auf Dinge oder Personen)

	2. Wesensgleichheit
Ideologie	zur politischen Doktrin gewordene Weltanschauung, bei der die Theorie die Wirklichkeit dominiert und diese ihr einseitig anpaßt bzw. unterwirft
Immanenz	das sinnlich Erfahr- und Meßbare, das innerweltliche Seiende
immunisieren	immun machen: für Krankheiten unempfänglich, unempfindlich machen
Implikat	das Einbezogensein in eine Sache, Folge
Indifferenz	Gleichgültigkeit, Ununterschiedenheit
infantil	auf kindlicher Entwicklungsstufe stehengeblieben; geistig oder körperlich unterentwickelt, kindisch
inkludieren	einschließen
Inkongruenz	Nichtübereinstimmung, Nichtdeckung
inside	engl.: (dr)innen
Interdisziplinarität	Zusammenarbeit mehrerer Disziplinen
Interieur humain	frz.: das Innere des Menschen
intermundan	zwischen den Welten stattfindend
Intuition	1. das unmittelbare, nicht-diskursive, auf Reflexion beruhende Erkennen, Erfassen eines Sachverhalts 2. Eingebung, (plötzlich) ahnendes Erfassen
Jargon	umgangssprachliche Ausdrucksweise innerhalb einer Berufs- oder sozialen Gruppe
Kafkaeskalation	Portmanteau aus „kafkaesk“ und „Eskalation“ kafkaesk: auf rätselvolle Weise unheimlich Eskalation: Steigerung, Verschärfung
kaprizieren	eigensinnig auf etwas bestehen; sich auf etwas fixieren
katathym	affektbedingt, wunschbedingt
kognitiv	erkenntnismäßig
Kompassion	engl.: compassion, ~ „Mitleidenschaft“; starke Sympathie für leidende Menschen und das Verlangen, ihnen zu helfen
Kompensation	1. Ausgleich 2. Streben nach Ersatzbefriedigung zum Ausgleich von Minderwertigkeitsgefühlen

Konfusion	1. Verwirrung 2. das Erlöschen eines Rechtes, wenn Berechtigung und Verpflichtung in einer Person zusammenfallen
kongenial	geistesverwandt, geistig ebenbürtig
Konsistenz	Widerspruchslosigkeit
konstituenten-analytisch	Substantiv Konstituentenanalyse: Methode der Satzanalyse, bei der der Satz als komplexe sprachliche Einheit in seine Bestandteile aufgelöst und die Anordnung der Konstituenten beschrieben wird
Konstrukt	Arbeitshypothese oder gedankliche Hilfskonstruktion für die Beschreibung von Dingen oder Erscheinungen, die nicht konkret beobachtbar sind, sondern nur aus beobachtbaren Daten erschlossen werden können
kontingent	zufällig; wirklich oder möglich, aber nicht (wesens)notwendig
konträr	im Gegensatz zu etwas stehend, gegensätzlich
Korrektiv	Korrekturmittel zum Ausgleich von Fehlhaltungen, Mängeln etc.
korrespondieren	einer Sache harmonisch entsprechen
Kritische Theorie	Bezeichnung für die im Rahmen der Frankfurter Schule von M. Horkheimer und H. Marcuse entwickelte, von Th. Adorno fortgeführte, marxistisch bestimmte kritische Gesellschaftstheorie und -analyse, in den 60er Jahren des 20. Jh. von starker Wirkung auf die gesellschaftskritische Bewegung der Jugendlichen Westeuropas und Nordamerikas.
kryptisch	unklar in seiner Ausdrucksweise oder Darstellung und deshalb schwer zu deuten
Laisser faire	frz.: „machen lassen“ (heute Schlagwort für das Gewährenlassen, bes. in der Erziehung)
learning by doing	engl.: etw. dadurch lernen, daß man es tut
liber pro populo	lat. „ein Buch für das Volk“
linguistisch	sprachwissenschaftlich
Logosophie	gebildet aus: logos (griech.): Rede, Wort, Urteil, Begriff, Vernunft, umfassender Sinn, und sophia (griech.): Weisheit
lyrics	engl.: Lyrik, lyrisches Gedicht

makrokosmisch	den Makrokosmos (= das Weltall) betreffend
Manie	Besessenheit, Sucht
Manier	Art und Weise, Stil
manipulativ	auf Manipulation beruhend; Manipulation: bewußter und gezielter Einfluß auf Menschen ohne deren Wissen und oft gegen deren Willen
Melancholie	Schwermut, Trübsinn
mens sana in corpore sano	lat.: „Ein gesunder Geist in einem gesunden Körper" (Juvenal)
Mentalität	Geisteshaltung, Sinnesart
Metaphysik	philosophische Disziplin oder Lehre, die sich mit dem hinter der sinnlich erfahrbaren, natürlichen Welt Liegenden und mit den letzten Gründen und Zusammenhängen des Seins befaßt
Metastase	Tochtergeschwulst; durch Verschleppung von Geschwulstkeimen an vom Ursprungsort entfernt gelegene Körperstellen entstandener Tumor
mikrokosmisch	zum Mikrokosmos, d.h. zur kleinen Welt des Menschen als Abbild des Universums gehörend
minimal-invasiv	mit minimalem Aufwand oder minimaler Intensität in etwas eindringend
Minimierung	Verringerung, Verkleinerung
minutiös	äußerst gründlich
mirror of soul	engl.: Spiegel der Seele
missing link	engl.: fehlendes Glied; eigentlich: vermutetes Bindeglied bzw. Übergangsform zwischen Mensch und Menschenaffen
Modus	Art und Weise
Monographie	wissenschaftliche Darstellung, die einem einzelnen Gegenstand, einer einzelnen Erscheinung gewidmet ist; Einzeldarstellung
monotheistisch	an einen einzigen Gott glaubend
Mother-and-child (re)union	engl. reunion: Wiedervereinigung, Versöhnung; Treffen, Zusammenkunft (von Mutter und Kind)
Multiple-choice-Verfahren	Prüfungsmethode oder Test, bei dem der Prüfling unter mehreren Antworten eine oder mehrere als richtig ankreuzen muß
Mysterienkult	Geheimkult, der nur Eingeweihten zugänglich ist und ein persönliches Verhältnis zu der verehrten Gottheit vermitteln will
Mysterium	(religiöses) Geheimnis

Mystik	besondere Form der Religiosität, bei der der Mensch durch Hingabe und Versenkung zu persönlicher Vereinigung mit Gott zu gelangen sucht
Negation	Verneinung; Ablehnung einer Aussage
Neologismus	Wortneuschöpfung
Nirvana	Sanskrit: das Verlöschen; im Buddhismus: das Aufhören des Daseinsdurstes, das nach dem Tod eine Wiedergeburt unmöglich macht; im Brahmanismus: Aufgehen der Einzelseele im Absoluten
Nivellierung	Einebnung von Unterschieden (mit Niveauverlust)
noetisch	erkenntnismäßig, das geistige Wahrnehmen bzw. Denken betreffend
Noopsyche	die intellektuelle Seite des Seelenlebens
nunc stans	lat.: „jetzt stehend"; Umschreibung für den Ineinsfall von Vergangenheit, Gegenwart und Zukunft in der Ewigkeit; Zeitstillstand
omnipräsent	allgegenwärtig
onomatopoetisch	lautmalerisch
Optimum	das Optimale, Bestmögliche
Option	freie Entscheidung, (Wahl-)Möglichkeit
Orthopraxie	Analogiebildung zu Orthodoxie: die rechte bzw. richtige Umsetzung einer Lehrmeinung in die Praxis
outside	engl.: (dr)außen
pain	engl.: Schmerz
paradox	widersinnig, einen Widerspruch in sich enthaltend
Parameter	in Funktionen und Gleichungen eine neben den eigentlichen Variablen auftretende - unbestimmte oder konstante - Hilfsgröße
parapsychologisch	Substantiv Parapsychologie: Wissenschaft von den okkulten, außerhalb der normalen Wahrnehmbarkeit liegenden bzw. übersinnlichen Erscheinungen
pathologisch	krankhaft
Pedes-Kultur	lat. pes: Fuß; auf der (Fort-)Bewegung beruhende Kultur
penetrant	in störender Weise aufdringlich
Penibilität	(Über-)Genauigkeit

per effectum	der Wirkung nach; Ggs. per intentionem: der Absicht nach
Perestroika	Umbau, Umgestaltung
pH-Wert	Maßzahl für die Konzentration freier Wasserstoff-Ionen in einer Lösung (potentia Hydrogenii)
Plagiat	Diebstahl geistigen Eigentums
pleasure	Vergnügen, Freude, Genuß, Lust
poena	lat.: Strafe
pointiert	betont, zugespitzt
polyglott	mehrsprachig; viele Sprachen sprechend
Polygraphie	röntgenologische Darstellung von Organbewegungen durch mehrfaches Belichten eines Films (Medizin)
populistisch	Substantiv Populismus: von Opportunismus geprägte, volksnahe, oft demagogische Politik mit dem Ziel, durch Dramatisierung der politischen Lage die Gunst der Massen zu gewinnen
Portmanteau	engl., eigentlich portmanteau word, Portmanteau-Wort: Wort, das durch die Kombination des Anfangs eines Wortes und dem Ende eines anderen kreiert wird
Postulat	unbedingte (sittliche) Forderung
postulieren	fordern
Prädisposition	Anlage, Empfänglichkeit (für bestimmte Krankheiten etc.)
Präfix	Vorsilbe
Prä-ludium	(lat.:) 1. (oft frei improvisiertes) musikalisches Vorspiel 2. Einleitung der Suite und Fuge
Präsenz	Gegenwart, Anwesenheit
Praxeologie	Lehre vom (rationalen) Handeln
Pretiosen	Kostbarkeiten, Geschmeide
Provision	lat.: (ursprünglich) Vorsehung, auch: rechtmäßige Verleihung eines Kirchenamtes (kath. Kirche)
Provisorium	Übergangslösung
qua	(in der Eigenschaft) als
qualifizieren	etwas als etwas beurteilen, einstufen, bezeichnen
Rage	frz.: Wut, Raserei
range	engl.: Bandbreite, Spektrum
ratio	lat.: Vernunft, Verstand
Rationierung	Zuteilung von etwas in festgelegten, relativ klei-

	nen Rationen
Referenz	Verweis, Bezug(nahme)
Reinkarnation	Übergang der Seele eines Menschen in einen neuen Körper bzw. eine neue Existenz
rekurrieren	Bezug nehmen, auf etwas zurückgreifen
Relais	zum Ein- und Ausschalten eines stärkeren Stromes benutzter Apparat, der durch Steuerimpulse von geringer Leistung betätigt wird (Elektrotechnik)
Relaisstation	bei Wellen mit geradliniger Fortpflanzung Zwischenstelle zur Weiterleitung von Fernseh- und UKW-Tonsendungen vom Sender zum Empfänger
Relativität	1. Bezogenheit, Bedingtheit 2. relative Gültigkeit
relevant	bedeutsam, wichtig
Revelation	Enthüllung, Offenbarung
Rhetorik	1. Wissenschaft von der wirkungsvollen Gestaltung öffentlicher Reden 2. Redebegabung, Redekunst
Säkularisierung	Loslösung des einzelnen, des Staates und der gesellschaftlichen Gruppen aus den Bindungen an die Kirche; Verweltlichung
saturiert	1. zufriedengestellt 2. selbstzufrieden
Sedes-Kultur	lat. sedes: Stuhl, Sitz; eine auf dem Sitzen beruhende Kultur
sensitiv	empfindsam, empfindlich
Sensorium	1. Gebiet der Sinneswahrnehmung 2. Gespür
Sentenz	1. einprägsamer, weil kurz und treffend formulierter Ausspruch 2. Sinnspruch, Denkspruch als dichterische Ausdrucksform
sentimental	1. empfindsam 2. übertrieben gefühlvoll
sentio ergo sum	lat.: „Ich fühle, also bin ich“ (Analogiebildung in abgrenzender Absicht zu Descartes‘ „cogito ergo sum“ („Ich denke, also bin ich.“)
Simultankonferenz	simultan: gleichzeitig

situativ	durch die jeweilige Situation bedingt
society sides	engl. side: Seite; (Seiten)Rand der Gesellschaft
Sonographie	elektroakustische Prüfung und Aufzeichnung der Dichte eines Gewebes mittels Schallwellen (Medizin)
Stagnation	Stocken, Stau, Stillstand
sub specie aeternitatis	lat.: „unter dem Gesichtspunkt der Ewigkeit“
Subjektivität	1. Inbegriff dessen, was zu einem Subjekt gehört; Subjekt: das erkennende, mit Bewußtsein ausgestattete, handelnde Ich 2. die Eigenständigkeit des geistigen Lebens
Subsidiarität	Prinzip, nach dem übergeordnete gesellschaftliche Einheiten nur solche Aufgaben übernehmen sollen, zu deren Wahrnehmung untergeordnete Einheiten nicht in der Lage sind
subito	plötzlich, sofort, unvermittelt
Substitut	Ersatz(mittel)
summa brevis	lat.: „eine kurze Summe“, Summe: eine zusammenfassende Darstellung des gesamten theologischen und philosophischen Wissensstoffes
supplementär	ergänzend
Swinging Sixties	die schwungvollen 60er-Jahre (20. Jahrhundert)
symbolic	engl.: symbolisch, sinnbildlich
Synästhesie	durch sprachlichen Ausdruck hervorgerufene Verschmelzung mehrerer Sinneseindrücke
Syndrom	Krankheitsbild; Gruppe von Merkmalen oder Faktoren, deren gemeinsames Auftreten einen bestimmten Zusammenhang oder Zustand anzeigt
Synekdoche	das Ersetzen eines Begriffs durch einen engeren oder weiteren Begriff
Synthese	Zusammenfügung, Verknüpfung einzelner Teile zu einem höheren Ganzen
target range	engl.: etwa Zielspektrum
Telepathie	Fernfühlen, Wahrnehmung seelischer Vorgänge eines anderen Menschen ohne Vermittlung der Sinnesorgane
Temperafarben	mit einer Emulsion (bes. mit Eigelb) gebundene Künstlerfarbe

Temporarität	zeitweiliges, vorübergehendes Auftreten oder Vorhandensein einer Sache
the massage is the massage	Die Massage ist die Botschaft; analoge Deviante zu: „The medium is the message"
thymopathisch	an Verstimmungen leidend; unter Stimmungen leidend
Thymopsyche	die gemüthafte Seite des Seelenlebens
Totum	lat.: das Ganze, das Gesamt
Transparenz	1. Durchscheinen 2. Deutlichkeit, Verstehbarkeit
transzendental	1. transzendent 2. die a priori mögliche Erkenntnis von Gegenständen betreffend (Kant)
Transzendenz	das jenseits der sinnlichen Erfahrung, des Gegenständlichen Liegende; das Jenseits
transzendieren	von einen Bereich in einen anderen hinübergehen, etwas überschreiten
Trinität	Dreieinigkeit, Dreifaltigkeit Gottes
Ubi non scientia, ibi non conscientia!	lat.: „Wo kein Wissen, da (auch) kein Gewissen!"
ultimativ	(lat. ultimus: der letzte, äußerste) 1. nachdrücklich 2. (eigentlich fälschlicherweise) die alleraktuellste oder -neueste Sache betreffend
Understatement	1. das Untertreiben 2. nüchterne, unpathetische, andeutende Ausdrucksform
unprätentiös	anspruchsvoll; anmaßend, selbstgefällig
Utopie	griech.: „ohne Ort", als unrealisierbar geltende Idee
Vademecum	lat. Leitfaden, Ratgeber
varietas delectat	lat.: „Abwechslung erfreut" (Cicero)

VITA

Hans Schwäble, geboren (1952) und aufgewachsen in Heidenheim/Brenz, studierte Katholische Theologie, Philosophie und Anglistik an den Universitäten Würzburg, Tübingen, München, Nottingham und Cambridge (GB).
Ausgestattet mit schwäbisch-filigraner Akribie und Akkuratesse, hat der Autor sich Weltoffenheit und Heiterkeit erworben, nicht zuletzt durch zahlreiche Bildungsreisen in den angelsächsischen und romanischen Sprachraum. Der Autor wirkt seit Jahren im Bildungsbereich (Gymnasium, Berufsschule, Volkshoch- und Fachhochschule, Universität).
Außerdem ist er Begründer der Logosophie, einem neuen wort- und sinnzentrierten therapeutischen Ansatz (Dynamik durch Dialog und Dialektik).
Jetzt serviert er erstmals ein Bildungsmenü in Buchform. Ein leckeres, vitalisierendes philolo-

gisch-philosophisches Menü, angereichert mit vielen kleinen Häppchen (Axiomen, Apophthegmata, Epigrammen), das zu jeder Tages- und Nachtzeit schmeckt und appetitanregend wirkt. Geistige Nahrung für Feinschmecker und Gourmetfreunde.

Der Chef de la cuisine lebt in Würzburg, denkt aber überall.

Besuchen Sie die
Praxis für Logosophie
Schildweg 2A
97084 Würzburg